Vocabulary LiVE
1
Basic

구성과 특징

3가지 버전의 무료 MP3 파일

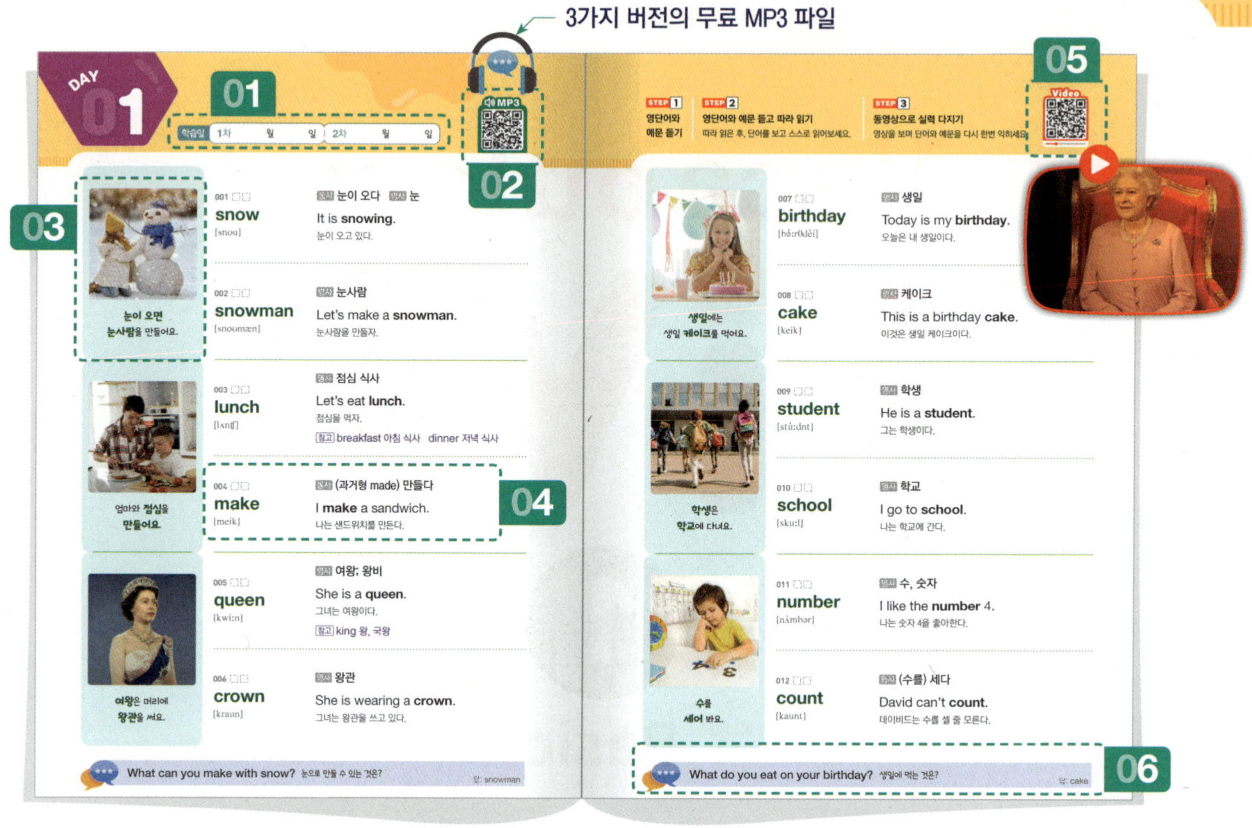

DAY 01

01 학습일 1차 월 일 | 2차 월 일

02 MP3

03

눈이 오면 눈사람을 만들어요.	001 snow [snou]	동사 눈이 오다 명사 눈 It is **snowing**. 눈이 오고 있다.
	002 snowman [snoumæn]	명사 눈사람 Let's make a **snowman**. 눈사람을 만들자.
엄마와 점심을 만들어요.	003 lunch [lʌntʃ]	명사 점심 식사 Let's eat **lunch**. 점심을 먹자. 참고 breakfast 아침 식사 dinner 저녁 식사
	004 make [meik]	동사 (과거형 made) 만들다 I **make** a sandwich. 나는 샌드위치를 만든다.
여왕은 머리에 왕관을 써요.	005 queen [kwiːn]	명사 여왕; 왕비 She is a **queen**. 그녀는 여왕이다. 참고 king 왕, 국왕
	006 crown [kraun]	명사 왕관 She is wearing a **crown**. 그녀는 왕관을 쓰고 있다.

04

What can you make with snow? 눈으로 만들 수 있는 것은? 답: snowman

05 Video

STEP 1 영단어와 예문 듣기

STEP 2 영단어와 예문 듣고 따라 읽기 — 따라 읽은 후, 단어를 보고 스스로 읽어보세요.

STEP 3 동영상으로 실력 다지기 — 영상을 보며 단어와 예문을 다시 한번 익혀세요.

생일에는 생일 케이크를 먹어요.	007 birthday [bə́ːrθdèi]	명사 생일 Today is my **birthday**. 오늘은 내 생일이다.
	008 cake [keik]	명사 케이크 This is a birthday **cake**. 이것은 생일 케이크이다.
학생은 학교에 다녀요.	009 student [stúːdnt]	명사 학생 He is a **student**. 그는 학생이다.
	010 school [skuːl]	명사 학교 I go to **school**. 나는 학교에 간다.
수를 세어 봐요.	011 number [nʌ́mbər]	명사 수, 숫자 I like the **number** 4. 나는 숫자 4를 좋아한다.
	012 count [kaunt]	동사 (수를) 세다 David can't **count**. 데이비드는 수를 셀 줄 모른다.

06 What do you eat on your birthday? 생일에 먹는 것은? 답: cake

07 Focus ON

mall은 여러 상점이 몰려 있는 상가를 의미해요. shopping mall과 같은 뜻이죠. 반면, market은 재래시장부터 **마트 같은 현대화된 시장까지 모두를 포함하는 단어예요.

	013 mall [mɔːl]	명사 쇼핑몰 They work at a **mall**. 그들은 쇼핑몰에서 일한다.
	014 market [máːrkit]	명사 시장 We go to the **market**. 우리는 시장에 간다.

08 Word Skill

• Complete the phrase. Write the correct words.

snowman cake lunch

make (a) ...

1 2 3

Answers 1 cake 2 snowman 3 lunch

Daily Test 09

정답 p.136

A Look, choose, and write. a k u o

1 sn__wman 2 m__ll 3 st__dent 4 ma__e

B Listen and circle. Then write.

c	r	o	w	n	d
a	t	q	r	u	s
k	u	o	t	m	w
e	g	f	s	b	x
m	a	r	k	e	t
p	j	h	i	r	z

1 2 3 4

C Choose and complete.

snowing birthday school count

1 Today is my ____________. 오늘은 내 생일이다.

2 David can't ____________. 데이비드는 수를 셀 줄 모른다.

3 It is ____________. 눈이 오고 있다.

4 I go to ____________. 나는 학교에 간다.

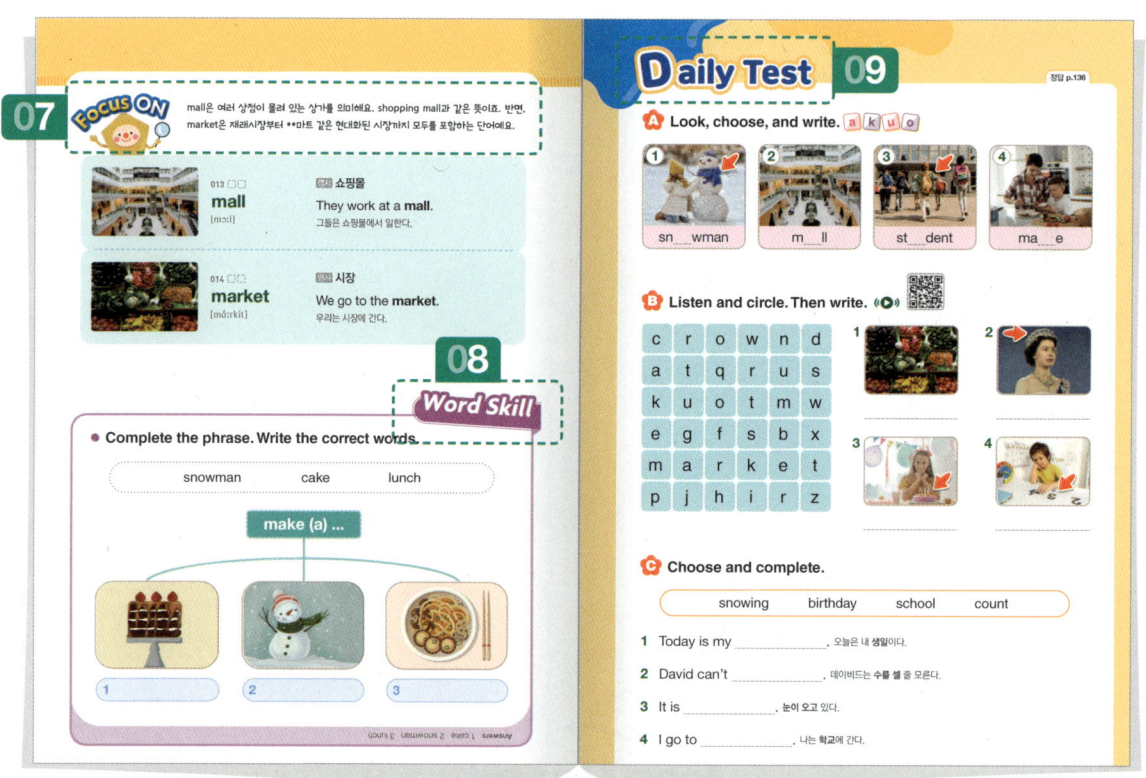

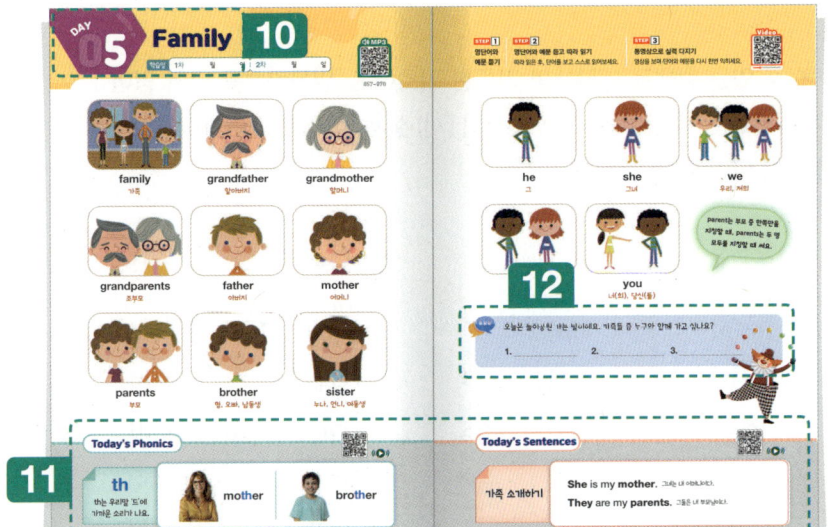
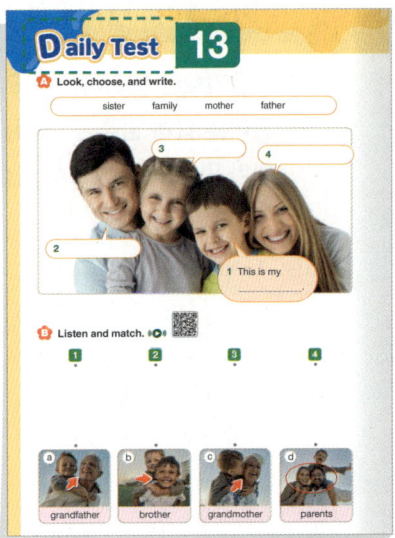

01 학습일을 적을 수 있는 2회차 날짜 박스
02 QR코드를 이용하여 학습할 단어의 발음 청취
03 이미지 연상법으로 두 개의 단어를 한 번에 암기
04 하루 14개 단어: 단어, 뜻, 예문, 유의어, 반의어, 참고 어휘 등 다양한 정보 수록
05 영상으로 단어와 예문을 다시 한번 학습하는 Video
06 주어진 질문에 해당하는 단어 고르기
07 연관된 두 단어의 뉘앙스와 사용법을 알려주는 Focus On
08 다의어, 반의어 등 어휘 실력의 확장을 돕는 Word Skill
09 간단한 문제를 통해 DAY별 학습 어휘 점검
10 주제별 단어 학습
11 단어와 관련된 파닉스와 핵심 문장 패턴 학습
12 주어진 질문에 알맞은 단어를 고르고 자신의 생각 이야기하기
13 매칭하기, 그리기 등 재미있는 활동으로 학습 어휘 점검

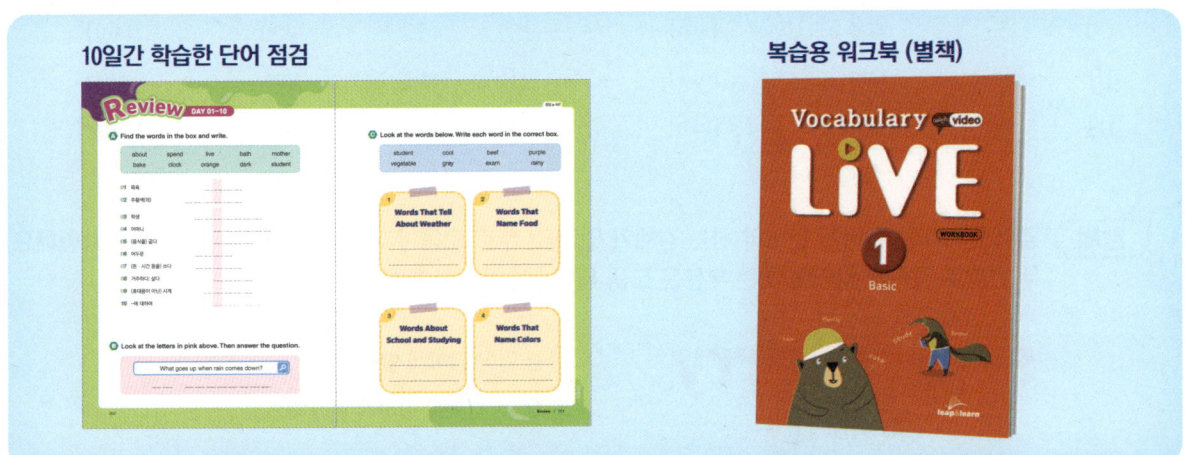

10일간 학습한 단어 점검

복습용 워크북 (별책)

발음기호 · 품사

발음기호 파헤치기

발음기호란 말소리를 눈으로 볼 수 있는 형태로 나타내어 기록한 기호예요. 발음기호를 알면 영어 단어를 쉽게 읽을 수 있어요. 우리말로는 같은 발음이라도(예 [ə] [ʌ]) 실제 영어발음에는 미세한 차이가 있으므로, 반드시 음성을 통해 발음을 확인하세요.

모음

[a]	아	mop	[map]
[e]	에	pen	[pen]
[i]	이	big	[big]
[o]	오	old	[ould]
[u]	우	cook	[kuk]

[ə]	어	about	[əbáut]
[ʌ]	어	cup	[kʌp]
[ɔ]	오	call	[kɔːl]
[ɛ]	에	hair	[hɛər]
[æ]	애	pan	[pæn]

자음

[b]	ㅂ	bed	[bed]
[p]	ㅍ	pet	[pet]
[t]	ㅌ	too	[tuː]
[d]	ㄷ	dog	[dɔːg]
[k]	ㅋ	cat	[kæt]
[g]	ㄱ	good	[gud]
[f]	ㅍ/ㅎ	fun	[fʌn]
[v]	ㅂ	very	[véri]
[s]	ㅅ/ㅆ	sit	[sit]
[z]	ㅈ	zoo	[zuː]
[l]	(을)ㄹ	late	[leit]
[r]	ㄹ	run	[rʌn]

[m]	ㅁ	moon	[muːn]
[n]	ㄴ	nose	[nouz]
[h]	ㅎ	hat	[hæt]
[θ]	ㄸ	mouth	[mauθ]
[ð]	ㄷ	this	[ðis]
[tʃ]	취	cheese	[tʃiːz]
[dʒ]	쥐	jam	[dʒæm]
[ʃ]	쉬	she	[ʃiː]
[ʒ]	쥐	television	[téləvìʒən]
[ŋ]	응	sing	[siŋ]
[j]	이	yes	[jes]
[w]	우	wear	[wɛər]

강세

영어 단어에는 강하게 읽어야 하는 강세가 있어요. 주로 모음 위에 (´) 표시를 두어 강세를 표현해요. 두 번째로 강하게 읽어야 하는 부분은 모음 위에 (`) 표시를 해요.

strawberry
[strɔ́ːbèri]

ó를 가장 강하게 발음해요.
è를 두 번째로 강하게 발음해요.

발음기호 합쳐서 읽기

Rule 1 자음과 모음의 소리를 합쳐서 읽어요.

[hǽpi] ㅎ ㅐ ㅍ ㅣ ➡ 해피

Rule 2 모음 뒤에 오는 자음은 받침으로 읽어요.

[map] ㅁ ㅏ ㅍ ➡ 맢   [big] ㅂ ㅣ ㄱ ➡ 빅

Rule 3 (ː)은 길게 발음하라는 기호예요.

[ruːm] ㄹ ㅜ ㅁ ➡ 루ː움   [kɔːl] ㅋ ㅗ ㄹ ➡ 코ː올

Rule 4 연속되는 두 개의 모음[이중모음]이 하나의 소리를 내요.

[hɛər] ㅎ ㅔ 어 ㄹ ➡ 헤얼

품사 알아보기

1 명사	사람이나 사물 등을 지칭하는 말	예	desk, mother, car, …
2 대명사	명사를 대신하는 말	예	I, you, she, he, …
3 동사	동작이나 상태를 나타내는 말	예	eat, run, study, …
4 형용사	명사의 성질이나 상태를 설명해주는 말	예	good, pretty, hot, …
5 부사	때, 장소, 방법 등을 나타내는 말	예	now, here, slowly, …
6 전치사	명사, 대명사 앞에 쓰여 위치, 장소, 시간 등을 나타내는 말	예	in, on, to, with, …
7 접속사	단어나 구, 문장 등 두 가지 대상을 연결하는 말	예	and, but, when, …
8 감탄사	놀람, 기쁨, 슬픔 등 여러 가지 감정을 나타내는 말	예	wow, oh, bye, …

Sight Word 008

DAY 01	snow, snowman, lunch, make, queen, crown, birthday, cake, student, school, number, count, mall, market	010
DAY 02	potato, farm, carrot, cut, strawberry, jam, hot, fan, rainy, umbrella, grape, purple, from, to	014
DAY 03	beach, trip, rain, rainbow, beef, meat, key, lose, night, sleep, fruit, vegetable, can, must	018
DAY 04	pie, bake, telephone, call, picture, hang, room, enter, exam, study, wall, stone, about, with	022
DAY 05	**Family** family, grandfather, grandmother, grandparents, father, mother, parents, brother, sister, he, she, we, they, you	026
DAY 06	letter, send, fall, cool, cave, dark, breakfast, bring, soap, wash, front, back, live, die	030
DAY 07	tree, grass, shop, spend, ladder, climb, low, mountain, gold, medal, wing, fly, need, want	034
DAY 08	hero, save, stand, sit, gray, hair, clock, time, late, hurry, forest, picnic, up, down	038
DAY 09	river, dam, television, watch, sea, shell, computer, use, tub, bath, water, drink, into, near	042
DAY 10	**Colors & Shapes** pink, red, orange, yellow, green, blue, brown, black, white, circle, triangle, square, heart, diamond	046

Review DAY 01~10 050

DAY 11	fork, pork, friend, play, candy, sweet, new, house, end, start, party, fun, before, after	052
DAY 12	bakery, bread, winter, snowy, week, weekend, cup, tea, glass, fill, bathroom, shower, now, next	056
DAY 13	wheel, roll, o'clock, dinner, music, dance, rope, pull, sky, land, rose, smell, more, best	060
DAY 14	puppy, have, answer, know, tail, short, restaurant, eat, noisy, sound, desert, sand, handsome, beautiful	064
DAY 15	**Pets & Farm Animals** dog, cat, frog, lamb, bird, horse, cow, pig, rabbit, camel, goat, iguana, donkey, mouse	068

DAY		Page
DAY 16	garden, flower, morning, sun, idea, think, aunt, uncle, pan, fry, apple, banana, hello, bye	072
DAY 17	baby, little, happy, smile, pool, swim, art, like, ghost, scary, log, leaf, good, bad	076
DAY 18	gift, give, job, work, boot, buy, ring, necklace, door, knock, voice, talk, this, that	080
DAY 19	bed, bedroom, city, big, plate, bowl, secret, tell, noon, afternoon, sport, exercise, please, thank	084
DAY 20	**Food** steak, salad, soup, hotdog, hamburger, sandwich, pizza, noodle, pasta, rice, bacon, toast, cereal, chicken	088

Review DAY 11~20 — 092

DAY		Page
DAY 21	cloud, storm, mask, wear, same, cap, kitchen, table, clothes, dry, bag, take, in, out	094
DAY 22	race, fast, bank, go, ice, cold, plant, grow, hungry, cook, practice, busy, word, sentence	098
DAY 23	tooth, brush, home, arrive, question, ask, diary, write, cookie, milk, map, way, under, on	102
DAY 24	favorite, actor, class, begin, history, teach, rock, hard, pocket, small, left, turn, easy, difficult	106
DAY 25	**Toys** teddy bear, robot, toy car, block, jump rope, kite, yo-yo, doll, card, puzzle, balloon, skate, clay, cube	110

DAY		Page
DAY 26	fish, catch, mat, soft, spring, warm, line, draw, nice, day, radio, listen, will, tomorrow	114
DAY 27	pet, love, towel, wet, today, yesterday, funny, cartoon, third, come, street, cross, inside, outside	118
DAY 28	gate, open, mug, jar, kitten, cute, box, ribbon, mirror, look, hotel, stay, here, there	122
DAY 29	station, stop, bat, hit, thing, sell, sad, cry, desk, put, mop, clean, around, for	126
DAY 30	**Body & Face** head, neck, shoulder, arm, foot, finger, hand, leg, toe, eye, lip, mouth, ear, nose	130

Review DAY 21~30 — 134

Answer Key — 136
Index — 141

Sight Word

a/an	be	and
하나의	~이다, 있다	그리고
the	I	it
그	나	그것

A Listen and repeat. Then trace.

a/an   a/an   a/an

be   be   be

and   and   and

the   the   the

I   I   I

it   it   it

B Find "an" and "I." Then color.

an	and	I	the	be	it	an
I	an	a	be	it	I	the
it	be	a	the	I	an	a
an	a	the	it	be	I	and

C Unscramble and match.

1. n a d _____ • ⓐ 그것

2. e b _____ • ⓑ 그

3. e h t _____ • ⓒ 그리고

4. t i _____ • ⓓ ~이다, 있다

DAY 01

학습일 | 1차 월 일 | 2차 월 일

눈이 오면 눈사람을 만들어요.

001
snow
[snou]

동사 눈이 오다   명사 눈

It is **snowing**.
눈이 오고 있다.

002
snowman
[snoʊmæn]

명사 눈사람

Let's make a **snowman**.
눈사람을 만들자.

엄마와 점심을 만들어요.

003
lunch
[lʌntʃ]

명사 점심 식사

Let's eat **lunch**.
점심을 먹자.

참고 breakfast 아침 식사   dinner 저녁 식사

004
make
[meik]

동사 (과거형 made) 만들다

I **make** a sandwich.
나는 샌드위치를 만든다.

여왕은 머리에 왕관을 써요.

005
queen
[kwiːn]

명사 여왕; 왕비

She is a **queen**.
그녀는 여왕이다.

참고 king 왕, 국왕

006
crown
[kraun]

명사 왕관

She is wearing a **crown**.
그녀는 왕관을 쓰고 있다.

 What can you make with snow? 눈으로 만들 수 있는 것은?   답: snowman

STEP 1 영단어와 예문 듣기
STEP 2 영단어와 예문 듣고 따라 읽기 — 따라 읽은 후, 단어를 보고 스스로 읽어보세요.
STEP 3 동영상으로 실력 다지기 — 영상을 보며 단어와 예문을 다시 한번 익히세요.

생일에는 생일 **케이크**를 먹어요.

007 ☐☐
birthday
[bə́ːrθdèi]

명사 생일
Today is my **birthday**.
오늘은 내 생일이다.

008 ☐☐
cake
[keik]

명사 케이크
This is a birthday **cake**.
이것은 생일 케이크이다.

학생은 **학교**에 다녀요.

009 ☐☐
student
[stúːdnt]

명사 학생
He is a **student**.
그는 학생이다.

010 ☐☐
school
[skuːl]

명사 학교
I go to **school**.
나는 학교에 간다.

수를 세어 봐요.

011 ☐☐
number
[nʌ́mbər]

명사 수, 숫자
I like the **number** 4.
나는 숫자 4을 좋아한다.

012 ☐☐
count
[kaunt]

동사 (수를) 세다
David can't **count**.
데이비드는 수를 셀 줄 모른다.

💬 What do you eat on your birthday? 생일에 먹는 것은?   답: cake

DAY 01 / 011

Focus ON

mall은 여러 상점이 몰려 있는 상가를 의미해요. shopping mall과 같은 뜻이죠. 반면, market은 재래시장부터 **마트 같은 현대화된 시장까지 모두를 포함하는 단어예요.

013 ☐☐
mall
[mɔːl]

명사 쇼핑몰
They work at a **mall**.
그들은 쇼핑몰에서 일한다.

014 ☐☐
market
[máːrkit]

명사 시장
We go to the **market**.
우리는 시장에 간다.

Word Skill

- **Complete the phrase. Write the correct words.**

snowman   cake   lunch

make (a) ...

1.   2.   3.

Answers 1 cake 2 snowman 3 lunch

Daily Test

정답 p.136

A Look, choose, and write. a k u o

sn__wman

m__ll

st__dent

ma__e

B Listen and circle. Then write.

c	r	o	w	n	d
a	t	q	r	u	s
k	u	o	t	m	w
e	g	f	s	b	x
m	a	r	k	e	t
p	j	h	i	r	z

1
_____

2
_____

3
_____

4
_____

C Choose and complete.

> snowing   birthday   school   count

1 Today is my _____. 오늘은 내 **생일**이다.

2 David can't _____. 데이비드는 **수를 셀** 줄 모른다.

3 It is _____. **눈이 오고** 있다.

4 I go to _____. 나는 **학교**에 간다.

DAY 01 / 013

DAY 02

학습일 1차 월 일 | 2차 월 일

감자는 농장에서 자라요.

015
potato
[pətéitou]

명사 감자

There are many **potatoes**.
감자가 많이 있다.

016
farm
[fa:rm]

명사 농장

They live on a **farm**.
그들은 농장에서 산다.

참고 farmer 농부

칼로 당근을 잘라요.

017
carrot
[kǽrət]

명사 당근

Carrots are long.
당근은 길다.

018
cut
[kʌt]

동사 (과거형 cut) 자르다

I **cut** the carrot.
나는 그 당근을 잘랐다.

딸기로 잼을 만들어요.

019
strawberry
[strɔ́:bèri]

명사 딸기

The **strawberries** are red.
그 딸기들은 빨간색이다.

020
jam
[dʒæm]

명사 잼

Put some **jam** on the bread.
그 빵 위에 잼을 좀 발라.

💬 What can you make with strawberries? 딸기로 만들 수 있는 것은? 답: jam

| STEP 1 영단어와 예문 듣기 | STEP 2 영단어와 예문 듣고 따라 읽기 따라 읽은 후, 단어를 보고 스스로 읽어보세요. | STEP 3 동영상으로 실력 다지기 영상을 보며 단어와 예문을 다시 한번 익히세요. |

더울 때는 선풍기를 틀어요.

021
hot
[hat]

형용사 더운, 뜨거운 반의어 cold 추운, 찬[차가운]

It is **hot**.
(날씨가) 덥다.

022
fan
[fæn]

명사 1 선풍기 2 (영화·스포츠 등의) 팬

I need a **fan**.
나는 선풍기가 필요하다.

비가 오는 날에 우산을 써요.

023
rainy
[réini]

형용사 비가 오는

It is **rainy** today.
오늘은 비가 온다.

024
umbrella
[ʌmbrélə]

명사 우산

She has an **umbrella**.
그녀는 우산을 가지고 있다.

포도는 보라색이에요.

025
grape
[greip]

명사 포도

I like **grapes**.
나는 포도를 좋아한다.

026
purple
[pɔ́ːrpl]

형용사 보라색의 명사 보라색

The fruit is **purple**.
그 과일은 보라색이다.

 What do you need when it rains? 비 올 때 필요한 것은? 답: umbrella

DAY 02 / 015

어떤 곳의 출발과 도착을 나타내는 방향 전치사로 from과 to를 써요. from은 '~에서'라는 의미로 시작점을 나타내고, to는 '~로'라는 의미로 끝점, 도착점을 나타내요.

027 ☐☐
from
[frəm]

전치사 ~에서, ~으로부터
come **from** school
학교에서 돌아오다

028 ☐☐
to
[tu]

전치사 ~로[에], ~ 쪽으로
They go **to** a mall.
그들은 쇼핑몰로 간다.

● Choose the correct pictures.

1 eat a **carrot**	2 It is **rainy**.	3 a **purple** hat
a 	a 	a 
b 	b 	b 

Answers 1a 2b 3a

Daily Test

정답 p.136

A Listen and circle.

1. farm / fan

2. from / to

3. carrot / grape

4. rainy / hot

B Unscramble and write.

1. f n a ☐☐☐

2. o f r m ☐☐☐☐

3. t c u ☐☐☐

4. m j a ☐☐☐

C Choose and complete.

> potatoes   umbrella   Carrots   hot

1. _____ are long. 당근은 길다.

2. She has an _____. 그녀는 우산을 가지고 있다.

3. There are many _____. 감자가 많이 있다.

4. It is _____. (날씨가) 덥다.

DAY 02 / 017

DAY 03

학습일 1차 월 일 2차 월 일

해변으로 여행을 떠나요.

029
beach
[biːtʃ]

명사 해변, 바닷가

We are at the **beach**.
우리는 해변에 있다.

030
trip
[trip]

명사 여행

go on a **trip**
여행을 가다

비가 오면 무지개가 떠요.

031
rain
[rein]

동사 비가 오다 명사 비

It is **raining**.
비가 오고 있다.

032
rainbow
[réinbòu]

명사 무지개

I see a **rainbow**.
무지개가 보인다.

소고기는 고기의 종류예요.

033
beef
[biːf]

명사 소[쇠]고기

Do you like **beef**?
너는 소고기를 좋아하니?

034
meat
[miːt]

명사 고기, 육류

He is cooking **meat**.
그는 고기를 요리하고 있다.

 What meat comes from cows? 소로 만들어진 고기는?

답: beef

| STEP 1 영단어와 예문 듣기 | STEP 2 영단어와 예문 듣고 따라 읽기 따라 읽은 후, 단어를 보고 스스로 읽어보세요. | STEP 3 동영상으로 실력 다지기 영상을 며 단어와 예문을 다시 한번 익히세요. |

열쇠를
잃어버렸어요.

035 ☐☐
key
[kiː]

명사 열쇠

Where is the car **key**?
자동차 열쇠는 어디에 있나요?

036 ☐☐
lose
[luːz]

동사 (과거형 lost) 1 잃어버리다
2 지다 반의어 win 이기다

Don't **lose** this key.
이 열쇠 잃어버리지 마.

밤에는
잠을 자요.

037 ☐☐
night
[nait]

명사 밤

I take a shower at **night**.
나는 밤에 샤워를 한다.
참고 day 낮

038 ☐☐
sleep
[sliːp]

동사 (과거형 slept) (잠을) 자다 명사 잠

I **sleep** late.
나는 늦게 잠을 잔다.

과일과
채소를 먹어요.

039 ☐☐
fruit
[fruːt]

명사 과일

What is your favorite **fruit**?
네가 가장 좋아하는 과일은 무엇이니?

040 ☐☐
vegetable
[védʒətəbl]

명사 채소

A carrot is a **vegetable**.
당근은 채소이다.

 What do you need to open the door? 문을 열기 위해 필요한 것은?　　답: key

DAY 03 / 019

can과 must는 조동사로, 동사를 돕는 역할을 해요. 도와주는 역할이기 때문에 혼자 쓸 수 없어요. can은 무언가를 할 수 있는 '능력'을 나타낼 때 사용하고, must는 무언가를 꼭 해야 한다는 의미로, '의무'를 나타낼 때 사용해요.

041 ☐☐
can
[kən]

조동사 (과거형 could) ~할 수 있다　명사 깡통
Sarah **can** run fast.
세라는 빨리 달릴 수 있다.

042 ☐☐
must
[məst]

조동사 ~해야 하다
He **must** go now.
그는 지금 가야 한다.

- **These words have two meanings. Choose and write. One is extra.**

lose　　　trip　　　can

1   ☐

2   ☐

Answers 1 can 2 lose

Daily Test

정답 p.136

A Look, choose, and write. h i y c

 nig__t

 ke__

 __an

 ra__nbow

B Listen and circle. Then write.

b	e	e	f	c	h
e	p	w	r	u	b
a	r	m	u	s	t
c	w	f	i	j	a
h	z	a	t	r	n
k	j	o	k	q	y

1  _____

2  _____

3  _____

4  _____

C Choose and complete.

> night   must   vegetable   lose

1 A carrot is a _____. 당근은 **채소**이다.

2 Don't _____ this key. 이 열쇠 **잃어버리지** 마.

3 He _____ go now. 그는 지금 가야 **한다**.

4 I take a shower at _____. 나는 **밤**에 샤워를 한다.

DAY 04

학습일 1차 월 일 | 2차 월 일

파이를 오븐에 **구워요**.

043
pie
[pai]

명사 파이

We make an apple **pie**.
우리는 사과 파이를 만든다.

044
bake
[beik]

동사 (음식을) 굽다

We are **baking** bread.
우리는 빵을 굽고 있다.

친구에게 **전화를 해요**.

045
telephone
[téləfòun]

명사 전화; 전화기   동의어 phone

The **telephone** is ringing.
전화가 울리고 있다.

참고 cell phone 휴대폰

046
call
[kɔːl]

동사 1 전화하다   2 부르다

I **call** my friend.
나는 내 친구에게 전화를 한다.

벽에 그림을 **걸어요**.

047
picture
[píktʃər]

명사 1 그림   2 사진

There is a **picture** on the wall.
그 벽에 그림이 있다.

048
hang
[hæŋ]

동사 (과거형 hung) 걸다

She is **hanging** a picture.
그녀는 그림을 걸고 있다.

 What do you see in an art museum? 미술관에 가면 볼 수 있는 것은?   답: picture

STEP 1 영단어와 예문 듣기
STEP 2 영단어와 예문 듣고 따라 읽기
따라 읽은 후, 단어를 보고 스스로 읽어보세요.
STEP 3 동영상으로 실력 다지기
영상을 보며 단어와 예문을 다시 한번 익히세요.

방으로 들어가요.

049
room
[ru:m]

명사 방, –실
Her **room** is clean.
그녀의 방은 깨끗하다.

050
enter
[éntər]

동사 들어가다
We **enter** her house.
우리는 그녀의 집으로 들어간다.

시험공부를 해요.

051
exam
[igzǽm]

명사 시험 유의어 test 시험
I have an **exam** today.
나는 오늘 시험이 있다.

052
study
[stʌ́di]

동사 공부하다
study for a test
시험공부를 하다

벽이 돌로 만들어졌어요.

053
wall
[wɔ:l]

명사 벽; 담
I see a **wall**.
벽[담]이 보인다.

054
stone
[stoun]

명사 돌, 돌멩이 유의어 rock 바위, 돌
That **stone** wall is high.
저 돌담은 높다.

 What should you do for a test? 시험을 위해 해야 하는 것은? 답: study

DAY 04 / 023

영어회화에서 아주 많이 쓰는 전치사로 about와 with가 있어요. 각각 주로 「about + 대화의 주제」, 「with + 행동을 함께 하는 사람」의 형태로 쓰여요.

055 ☐☐
about
[əbáut]

전치사 ~에 대하여
We talk **about** our family.
우리는 가족에 대해 말한다.

056 ☐☐
with
[wiθ]

전치사 ~와 함께
I play **with** my friends.
나는 내 친구들과 함께 논다.

Word Skill

● Choose the correct pictures.

1 bake a **pie**

a

b

2 call a friend

a

b

3 hang a **picture**

a

b

Answers 1a 2b 3a

Daily Test

정답 p.136

A Listen and circle.

1. study / enter

2. with / about

3. call / hang

4. room / exam

B Unscramble and write.

1.  k a e b ☐☐☐☐

2.  h w t i ☐☐☐☐

3.  a w l l ☐☐☐☐

4.  h n a g ☐☐☐☐

C Choose and complete.

> telephone   exam   stone   picture

1 I have an _____ today. 나는 오늘 **시험**이 있다.

2 That _____ wall is high. 저 **돌담**은 높다.

3 The _____ is ringing. 전화가 울리고 있다.

4 There is a _____ on the wall. 그 벽에 **그림**이 있다.

DAY 05 Family

학습일 1차 월 일 | 2차 월 일

057~070

family 가족

grandfather 할아버지

grandmother 할머니

grandparents 조부모

father 아버지

mother 어머니

parents 부모

brother 형, 오빠, 남동생

sister 누나, 언니, 여동생

Today's Phonics

th
th는 우리말 '드'에 가까운 소리가 나요.

 mo**th**er

 bro**th**er

STEP 1	STEP 2	STEP 3
영단어와 예문 듣기	영단어와 예문 듣고 따라 읽기 따라 읽은 후, 단어를 보고 스스로 읽어보세요.	동영상으로 실력 다지기 영상을 보며 단어와 예문을 다시 한번 익히세요.

he
그

she
그녀

we
우리, 저희

they
그들

you
너(희), 당신(들)

> parent는 부모 중 한쪽만을 지칭할 때, parents는 두 명 모두를 지칭할 때 써요.

 오늘은 놀이공원 가는 날이에요. 가족들 중 누구와 함께 가고 싶나요?

1. _____   2. _____   3. _____

Today's Sentences

가족 소개하기

She is my **mother**. 그녀는 내 어머니이다.

They are my **parents**. 그들은 내 부모님이다.

DAY 05 / 027

Daily Test

A Look, choose, and write.

> sister   family   mother   father

B Listen and match.

1.   2.   3.   4.

grandfather

brother

grandmother

parents

C Label the family tree.

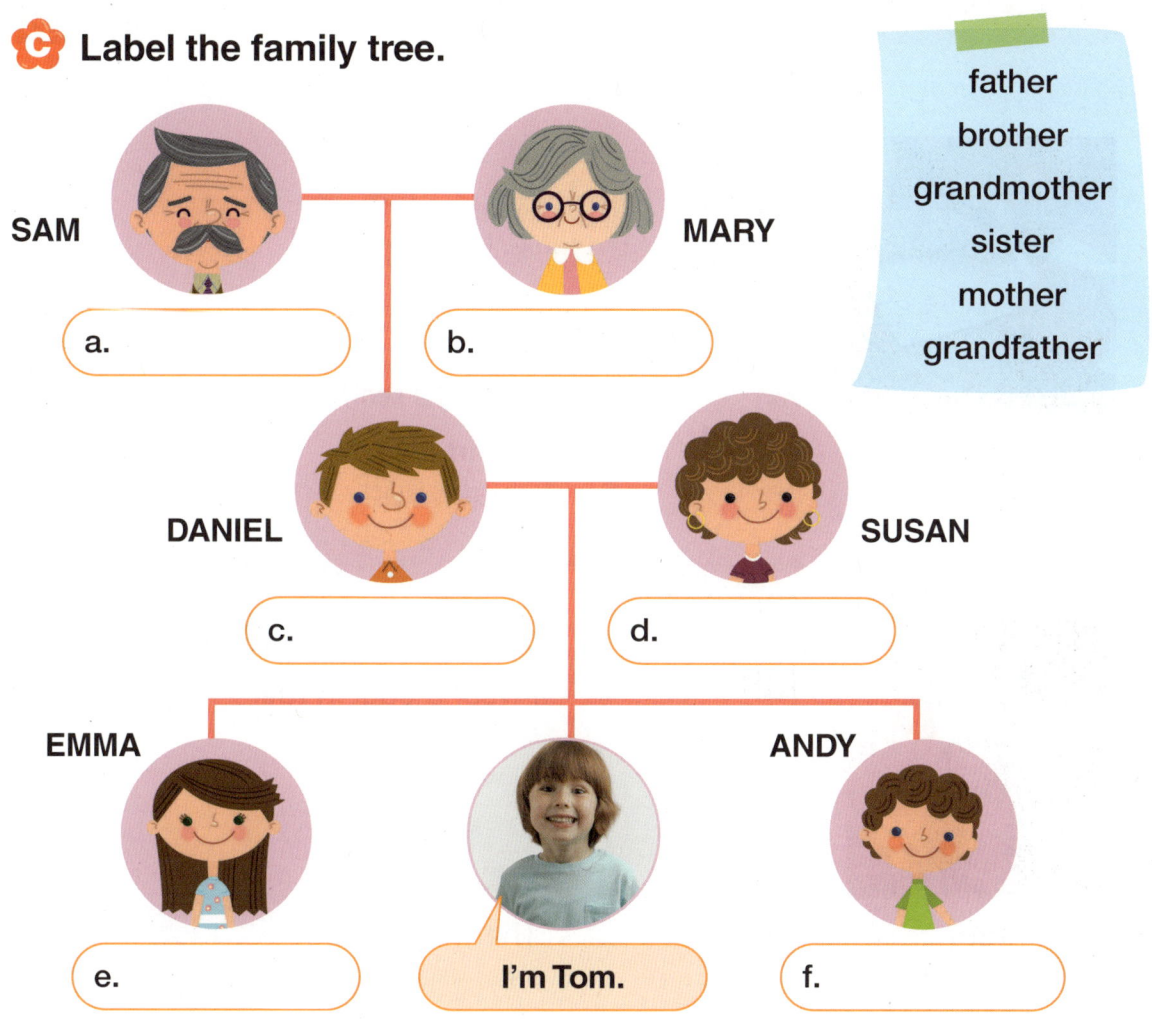

father
brother
grandmother
sister
mother
grandfather

● Now, fill in the blanks. The first one is done for you.

1 This is ____Andy____. ____He____ is my brother.

2 This is Sam. _____ is my _____.

3 This is _____. _____ is my mother.

4 This is Emma. _____ is my _____.

5 This is _____. _____ is my grandmother.

6 This is Daniel. _____ is my _____.

DAY 06

학습일 1차 월 일   2차 월 일

편지를 보내요.

071
letter
[létər]

명사 1 편지 2 글자

I write a **letter**.
나는 편지를 쓴다.

072
send
[send]

동사 (과거형 sent) 보내다

I **send** a gift.
나는 선물을 보낸다.

가을에는 날씨가 시원해요.

073
fall
[fɔ:l]

명사 가을 동사 (과거형 fell) 떨어지다

I wear a coat in **fall**.
나는 가을에 코트를 입는다.

074
cool
[ku:l]

형용사 시원한, 서늘한   반의어 warm 따뜻한

The wind is **cool**.
바람이 시원하다.

동굴은 어두워요.

075
cave
[keiv]

명사 동굴

There is a big **cave**.
큰 동굴이 있다.

076
dark
[da:rk]

형용사 어두운   반의어 light 밝은

It is **dark** here.
여기는 어둡다.

What season do leaves change colors? 나뭇잎들의 색이 바뀌는 계절은?   답: fall

| STEP 1 영단어와 예문 듣기 | STEP 2 영단어와 예문 듣고 따라 읽기 따라 읽은 후, 단어를 보고 스스로 읽어보세요. | STEP 3 동영상으로 실력 다지기 영상을 보며 단어와 예문을 다시 한번 익히세요. |

학교에 아침 식사를 가져와요.

077
breakfast
[brékfəst]

명사 아침 식사
I eat an apple for **breakfast**.
나는 아침 식사로 사과를 먹는다.
참고 lunch 점심 식사   dinner 저녁 식사

078
bring
[briŋ]

동사 (과거형 brought) 가져오다
What do you **bring** to school?
너는 학교에 무엇을 가지고 오니?

비누로 손을 씻어요.

079
soap
[soup]

명사 비누
This **soap** smells good.
이 비누는 냄새가 좋다.

080
wash
[waʃ]

동사 씻다
I **wash** my hands.
나는 손을 씻는다.

앞과 뒤

081
front
[frʌnt]

명사 앞쪽   반의어 back 뒤쪽
형용사 앞쪽의   반의어 back 뒤쪽의
This is the **front**.
여기가 앞쪽이다.

082
back
[bæk]

명사 뒤쪽   반의어 front 앞쪽
형용사 뒤쪽의   반의어 front 앞쪽의
Look at the **back** of the T-shirt.
그 티셔츠의 뒤쪽을 봐.

💬 What do you eat before lunch? 점심 식사 전에 먹는 식사는?   답: breakfast

뜻이 서로 반대되는 관계에 있는 말을 '반의어'라고 해요. live와 die는 반의어로, live는 죽지 않고 살아 있는 것을 뜻하고, die는 죽어서 존재하지 않는 것을 뜻해요.

083 ☐☐
live
[liv]

동사 **1** 거주하다 **2** 살다   반의어 die 죽다
I **live** in a city.
나는 도시에 산다.

084 ☐☐
die
[dai]

동사 죽다   반의어 live 살다
The flowers **died**.
그 꽃들은 죽었다.

Word Skill

● **Match to their opposites.**

1
die

2
light

3
back

a
front

b
live

c
dark

Answers 1b 2c 3a

Daily Test

정답 pp.136~137

A Look, choose, and write.

1 __ash

2 br__akfast

3 f__ll

4 li__e

B Listen and circle. Then write.

j	d	a	s	k	j
p	k	r	c	b	m
s	u	b	a	c	k
e	q	t	v	e	s
n	g	r	e	q	a
d	i	e	l	j	n

1 _____

2 _____

3 _____

4 _____

C Choose and complete.

front   died   dark   letter

1 The flowers _____. 그 꽃들은 **죽었다**.

2 It is _____ here. 여기는 **어둡다**.

3 I write a _____. 나는 **편지**를 쓴다.

4 This is the _____. 여기가 **앞쪽**이다.

DAY 06 / 033

DAY 07

학습일 1차 월 일 2차 월 일

자연에는 나무와 풀이 있어요.

085
tree
[triː]

명사 나무

That **tree** is tall.
저 나무는 키가 크다.

086
grass
[græs]

명사 풀

Cows eat **grass**.
소들은 풀을 먹는다.

상점에서 돈을 썼어요.

087
shop
[ʃap]

명사 가게, 상점 유의어 store 가게, 상점
동사 쇼핑하다

The **shop** sells food.
그 상점은 음식을 판다.

088
spend
[spend]

동사 (과거형 spent) (돈·시간 등을) 쓰다

I **spent** all my money.
나는 내 돈을 다 써버렸다.

사다리를 타고 올라가요.

089
ladder
[lǽdər]

명사 사다리

He needs a **ladder**.
그는 사다리가 필요하다.

090
climb
[klaim]

동사 오르다

Can you **climb** a tree?
당신은 나무를 오를 수 있나요?

💬 What place sells different things? 다양한 물건을 파는 곳은?

답: shop

| STEP 1 영단어와 예문 듣기 | STEP 2 영단어와 예문 듣고 따라 읽기 따라 읽은 후, 단어를 보고 스스로 읽어보세요. | STEP 3 동영상으로 실력 다지기 영상을 보며 단어와 예문을 다시 한번 익히세요. |

낮은 산을 올라요.

091
low
[lou]

형용사 낮은 반의어 high 높은
부사 낮게 반의어 high 높이, 높게

That mountain looks **low**.
저 산은 낮아 보인다.

092
mountain
[máuntən]

명사 산

We climb a **mountain**.
우리는 산을 오른다.

금메달을 땄어요.

093
gold
[gould]

명사 금 형용사 금색의

Do you have a **gold** ring?
당신은 금반지를 가지고 있나요?

094
medal
[médl]

명사 메달, 훈장

I have a **medal**.
나는 메달이 하나 있다.

새들은 **날개**로 하늘을 날아요.

095
wing
[wiŋ]

명사 날개

Birds have **wings**.
새들은 날개가 있다.

096
fly
[flai]

동사 (과거형 flew) 날다 명사 파리

Many birds can **fly**.
많은 새들은 날 수 있다.

What do birds use to fly? 새들이 날기 위해 사용하는 것은?   답: wing(s)

DAY 07

need와 want의 뜻에는 약간의 차이가 있어요. need는 의식주 같이 꼭 있어야 하는 것을 표현할 때 사용하고, want는 갖고 싶은 장난감 같은 개인의 바람을 표현할 때 사용해요.

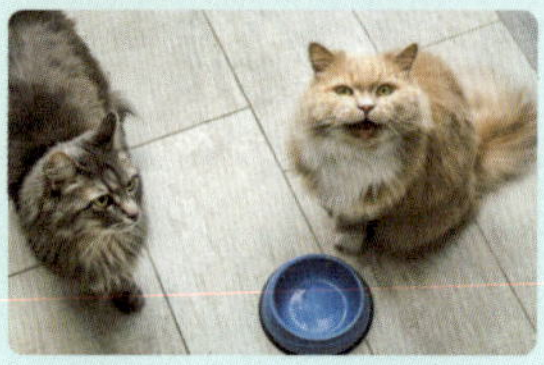

097 ☐☐
need
[niːd]

동사 필요하다
The cat **needs** food.
그 고양이는 음식이 필요하다.

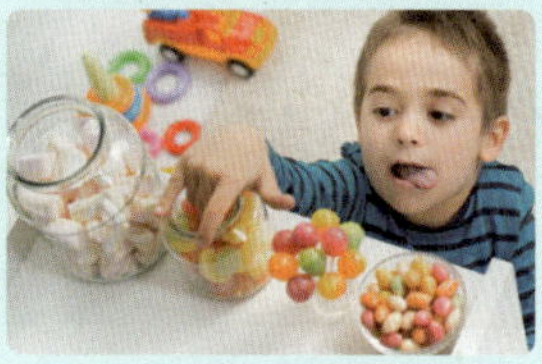

098 ☐☐
want
[wɔːnt]

동사 원하다
The boy **wants** candy.
그 소년은 사탕을 원한다.

Word Skill

- **Complete the phrase. Choose and write.**

mountain   tree   ladder

climb a ...

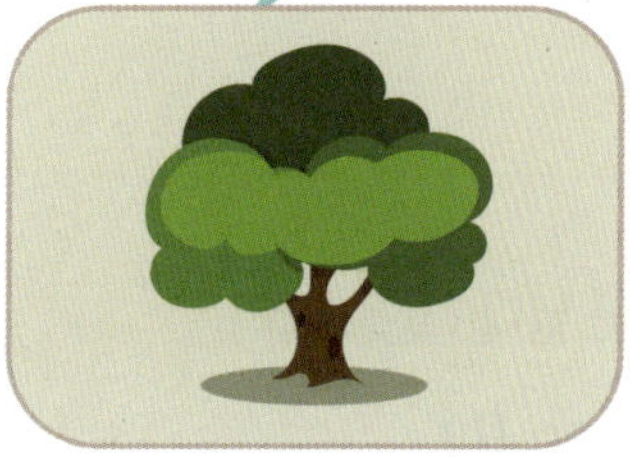

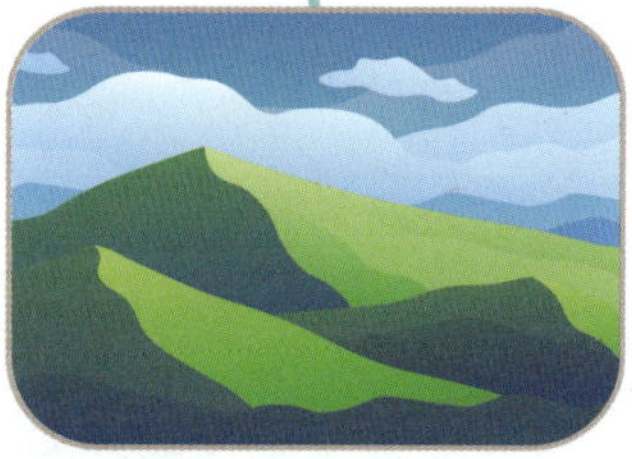

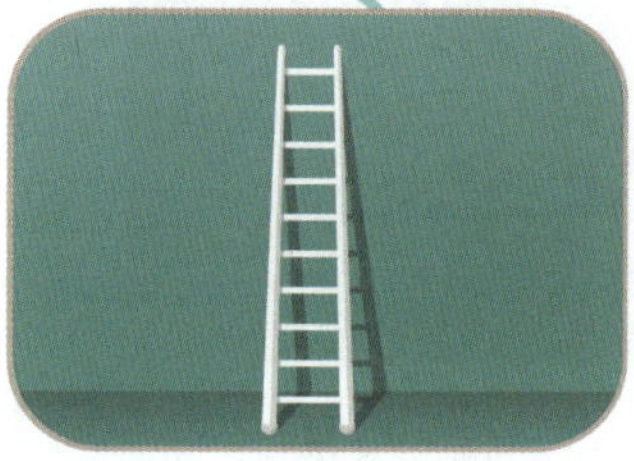

1. _____
2. _____
3. _____

Answers 1 tree 2 mountain 3 ladder

Daily Test

정답 p.137

A Listen and circle.

1. low / wing

2. medal / grass

3. spend / need

4. climb / shop

B Unscramble and write.

 1. e r t e ☐☐☐☐

 2. n g i w ☐☐☐☐

 3. h o p s ☐☐☐☐

 4. n w a t ☐☐☐☐

C Choose and complete.

| spent   gold   fly   mountain |

1. We climb a _____. 우리는 **산**을 오른다.

2. Do you have a _____ ring? 당신은 **금**반지를 가지고 있나요?

3. I _____ all my money. 나는 내 돈을 다 **써버렸다**.

4. Many birds can _____. 많은 새들은 **날** 수 있다.

DAY 07 / 037

DAY 08

학습일 1차 월 일 | 2차 월 일

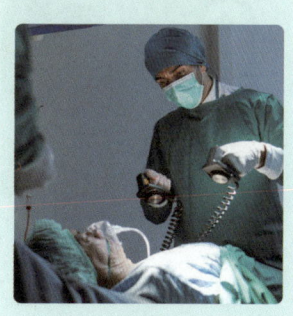

영웅은 사람을 구해요.

099
hero
[híərou]

명사 영웅

He is a **hero**.
그는 영웅이다.

100
save
[seiv]

동사 구하다

Doctors can **save** people.
의사들은 사람들을 구할 수 있다.

'서다'의 반대말은 '앉다'예요.

101
stand
[stænd]

동사 (과거형 stood) 서다　반의어 sit 앉다

Please **stand** up.
일어서세요.

102
sit
[sit]

동사 (과거형 sat) 앉다　반의어 stand 서다

They **sat** on their chairs.
그들은 그들의 의자에 앉았다.

그녀는 회색 머리예요.

103
gray
[grei]

형용사 회색의　명사 회색

She is wearing a **gray** hat.
그녀는 회색 모자를 쓰고 있다.

104
hair
[hɛər]

명사 머리(카락); 털

She has long **hair**.
그녀는 머리가 길다.

 What grows on your head?　머리에서 자라는 것은?

답: hair

STEP 1 영단어와 예문 듣기
STEP 2 영단어와 예문 듣고 따라 읽기
따라 읽은 후, 단어를 보고 스스로 읽어보세요.
STEP 3 동영상으로 실력 다지기
영상을 보며 단어와 예문을 다시 한번 익히세요.

시계는 시간을 알려줘요.

105 ☐☐
clock
[klak]

명사 (휴대용이 아닌) 시계

Look at the **clock**.
시계를 봐.

참고 watch 손목시계

---

106 ☐☐
time
[taim]

명사 시간

It is **time** to sleep.
잘 시간이다.

늦으면 서둘러야 해요.

107 ☐☐
late
[leit]

형용사 늦은 반의어 early 이른
부사 늦게 반의어 early 일찍, 빨리

He is **late** for school.
그는 학교에 늦었다.

---

108 ☐☐
hurry
[hə́:ri]

동사 서두르다

You need to **hurry**.
너는 서두를 필요가 있다.

숲으로 소풍을 가요.

109 ☐☐
forest
[fɔ́:rist]

명사 숲

Animals live in the **forest**.
동물들은 숲에 산다.

---

110 ☐☐
picnic
[píknik]

명사 소풍

Let's go on a **picnic**.
소풍을 가자.

 What tells time? 시간을 말해주는 것은?

답: clock

up과 down은 움직임의 방향을 나타내는 단어들로, 서로 반의어 관계예요. up은 위쪽, down은 아래쪽을 뜻하죠. 위아래로 폴짝폴짝 뛰는 것을 jump up and down이라고 해요.

111 ☐☐
up
[ʌp]

부사 위로 반의어 down 아래로

The boy jumped **up** from his chair.
그 소년은 의자에서 벌떡 일어났다.

112 ☐☐
down
[daun]

부사 아래로 반의어 up 위로

Can we sit **down**?
우리 좀 앉을까?

● **Match to their opposites.**

1  down

2  late

3  sit

a  early

b  stand

c  up

Answers 1c 2a 3b

Daily Test

정답 p.137

A Listen and circle.

1 hurry
a
b

2 picnic
a
b

3 gray
a
b

B Circle and write.

1
w r s d o w n h
_____

2
r k h e r o u m
_____

3
m n j c t i m e
_____

C Choose and complete.

> sat   forest   late   hair

1 He is _____ for school. 그는 학교에 **늦었다**.

2 She has long _____. 그녀는 **머리**가 길다.

3 They _____ on their chairs. 그들은 그들의 의자에 **앉았다**.

4 Animals live in the _____. 동물들은 **숲**에 산다.

DAY 08 / 041

DAY 09

학습일 | 1차 월 일 | 2차 월 일

강에는 댐이 있어요.

113
river
[rívər]

명사 강

The **river** is deep.
그 강은 깊다.

114
dam
[dæm]

명사 댐

build a **dam**
댐을 짓다

텔레비전을 봐요.

115
television
[téləvìʒən]

명사 텔레비전 동의어 TV

There is a **television** in the room.
그 방에는 텔레비전이 있다.

116
watch
[watʃ]

동사 보다   명사 손목시계

I **watch** a movie.
나는 영화를 본다.
참고 clock (휴대용이 아닌) 시계

바다에 조개껍데기가 있어요.

117
sea
[siː]

명사 바다

Sharks live in the **sea**.
상어들은 바다에 산다.

118
shell
[ʃel]

명사 (달걀·조개 등의) 껍데기

A **shell** is on the beach.
해변에 조개껍데기가 있다.

What can you find at the beach? 해변에서 찾을 수 있는 것은?   답: shell

| STEP 1 영단어와 예문 듣기 | STEP 2 영단어와 예문 듣고 따라 읽기 따라 읽은 후, 단어를 보고 스스로 읽어보세요. | STEP 3 동영상으로 실력 다지기 영상을 보며 단어와 예문을 다시 한번 익히세요. |

컴퓨터를 사용해요.

119 ☐☐
computer
[kəmpjúːtər]

명사 컴퓨터
There are **computers** in the library.
그 도서관에는 컴퓨터가 있다.

120 ☐☐
use
[juːz]

동사 쓰다, 사용하다
You can't **use** your phone here.
여기서는 전화기를 사용할 수 없습니다.

욕조에서 목욕을 해요.

121 ☐☐
tub
[tʌb]

명사 욕조
I am in a **tub**.
나는 욕조 안에 있다.

122 ☐☐
bath
[bæθ]

명사 목욕
He takes a **bath**.
그는 목욕을 한다.

물을 마셔요.

123 ☐☐
water
[wɔ́ːtər]

명사 물
She wants some **water**.
그녀는 물을 좀 원한다.

124 ☐☐
drink
[driŋk]

동사 (과거형 drank) 마시다 명사 음료
What do you want to **drink**?
너는 무엇을 마시길 원하니?

What do you drink when you're thirsty? 목 마를 때 마시는 것은?   답: water

DAY 09

into와 near은 위치를 나타내는 단어들이에요. into는 어떤 공간 안으로 들어가는 것을 의미하고, near은 어떤 것의 근처 혹은 주위에 위치하는 것을 의미해요.

125 ☐☐
into
[íntu]

전치사 ~ 안으로

Come **into** my room.
내 방 안으로 들어와.

126 ☐☐
near
[niər]

전치사 ~ 가까이에
형용사 가까운   반의어 far 먼

My house is **near** the river.
우리 집은 강 가까이에 있다.

- **These words have two meanings. Choose and write. One is extra.**

  bath   drink   watch

1.

2.

Answers 1 watch 2 drink

Daily Test

정답 p.137

A Look, choose, and write. o h i v

 1 s__ell

 2 ri__er

 3 c__mputer

 4 __nto

B Listen and circle. Then write.

p	w	a	t	c	h
k	a	j	u	n	b
c	t	l	b	f	j
n	e	a	r	a	u
h	r	w	f	p	g
a	z	e	g	c	w

 1 ____

 2 ____

 3 ____

 4 ____

C Choose and complete.

use   drink   bath   television

1 There is a _____ in the room. 그 방에는 **텔레비전**이 있다.

2 What do you want to _____? 너는 무엇을 **마시길** 원하니?

3 You can't _____ your phone here. 여기서는 전화기를 **사용할** 수 없습니다.

4 He takes a _____. 그는 **목욕**을 한다.

DAY 09 / 045

DAY 10 Colors & Shapes

학습일 1차 월 일 2차 월 일

127~140

pink
분홍색(의)

red
빨간색(의)

orange
주황색(의)

yellow
노란색(의)

green
초록색(의)

blue
파란색(의)

brown
갈색(의)

black
검정색(의)

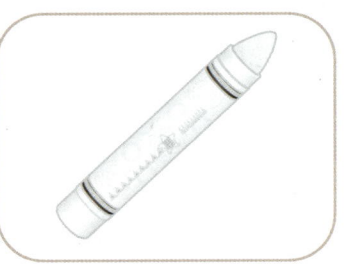
white
흰색(의)

Today's Phonics

bl
bl은 우리말 '블르'처럼 소리 나요.

 **bl**ue

 **bl**ack

STEP 1	STEP 2	STEP 3
영단어와 예문 듣기	영단어와 예문 듣고 따라 읽기 따라 읽은 후, 단어를 보고 스스로 읽어보세요.	동영상으로 실력 다지기 영상을 보며 단어와 예문을 다시 한번 익히세요.

circle
원, 원형

triangle
삼각형

square
정사각형

heart
하트

diamond
다이아몬드

orange는 '주황색'을 뜻하지만 과일 '오렌지'를 뜻하기도 해요.

 우리 주변에서 볼 수 있는 삼각형 모양의 사물을 세 가지 적어보세요.

1. _____   2. _____   3. _____

Today's Sentences

색과 모양 묘사하기

The **triangle** is **blue**. 그 삼각형은 파란색이다.

The **circle** is **red**. 그 원은 빨간색이다.

Daily Test

A Check the correct pictures. ✓

1 green

2 orange

3 black

➜ These words are about (**colors** / shapes).

B Listen and match.

1   2   3   4

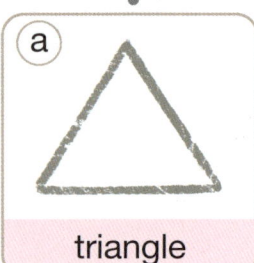
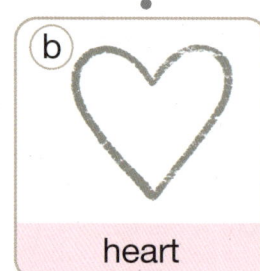
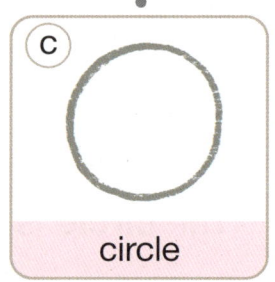
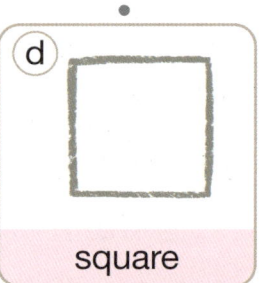

triangle   heart   circle   square

C Choose and write. Then circle. The first one is done for you.

yellow   blue   circle   square   heart

1 The ___heart___ is pink.

2 The _____ is red.

3 The triangle is _____.

4 The diamond is _____.

5 The _____ is green.

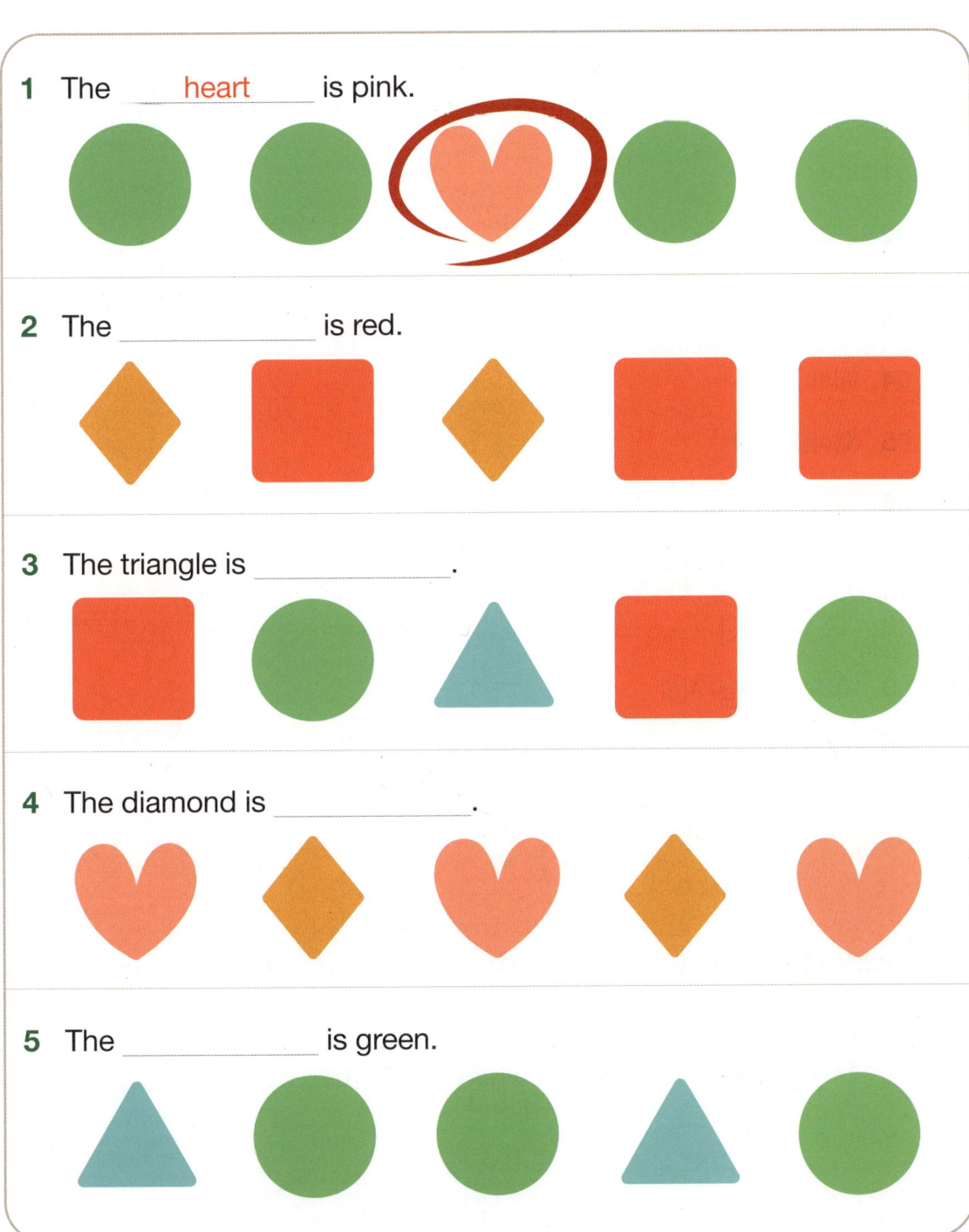

Review DAY 01~10

A Find the words in the box and write.

| about | spend | live | bath | mother |
| bake | clock | orange | dark | student |

01 목욕 _____
02 주황색(의) _____
03 학생 _____
04 어머니 _____
05 (음식을) 굽다 _____
06 어두운 _____
07 (돈·시간 등을) 쓰다 _____
08 거주하다; 살다 _____
09 (휴대용이 아닌) 시계 _____
10 ~에 대하여 _____

B Look at the letters in pink above. Then answer the question.

What goes up when rain comes down?

__ __   __ __ __ __ __ __ __

C Look at the words below. Write each word in the correct box.

| student | cool | beef | purple |
| vegetable | gray | exam | rainy |

1 Words That Tell About Weather

_____

_____

2 Words That Name Food

_____

_____

3 Words About School and Studying

_____

_____

4 Words That Name Colors

_____

_____

DAY 11

포크로 돼지고기를 먹어요.

141 □□
fork
[fɔːrk]

명사 포크
I eat with a **fork**.
나는 포크로 먹는다.
참고 spoon 숟가락

142 □□
pork
[pɔːrk]

명사 돼지고기
I like **pork**.
나는 돼지고기를 좋아한다.

친구와 재미있게 놀아요.

143 □□
friend
[frend]

명사 친구
We are **friends**.
우리는 친구이다.

144 □□
play
[plei]

동사 1 놀다 2 (스포츠 등을) 하다
Let's **play** with a ball.
공을 가지고 놀자.

사탕은 달아요.

145 □□
candy
[kǽndi]

명사 사탕, 캔디
Do you want **candy**?
너는 사탕을 원하니?

146 □□
sweet
[swiːt]

형용사 단, 달콤한
I like **sweet** food.
나는 단 음식을 좋아한다.

 What can you use to eat? 먹기 위해 사용할 수 있는 것은?   답: fork

STEP 1 영단어와 예문 듣기
STEP 2 영단어와 예문 듣고 따라 읽기
따라 읽은 후, 단어를 보고 스스로 읽어보세요.
STEP 3 동영상으로 실력 다지기
영상을 보며 단어와 예문을 다시 한번 익히세요.

새 집으로 이사를 가요.

147 ☐☐
new
[nuː]

형용사 **새로운**　반의어 old 오래된
We want a **new** chair.
우리는 새 의자를 원한다.

148 ☐☐
house
[haus]

명사 **집**
I live in a big **house**.
나는 큰 집에 산다.

방학이 **끝나면**
새 학기가 **시작돼요**.

149 ☐☐
end
[end]

동사 **끝나다**　반의어 start 시작하다[되다]
The vacation **ends** soon.
방학이 곧 끝난다.

150 ☐☐
start
[staːrt]

동사 **시작하다[되다]**　반의어 end 끝나다
School **starts** in spring.
봄에 학교가 시작된다[개학한다].

파티는
재미있어요.

151 ☐☐
party
[páːrti]

명사 **파티**
Let's have a **party**.
파티를 하자.

152 ☐☐
fun
[fʌn]

명사 **재미, 즐거움**　형용사 **재미있는**
We played the game for **fun**.
우리는 재미로 그 게임을 했다.

What do you have on your birthday? 생일에 하는 것은?　　답: party

DAY 11 / 053

before와 after는 시간과 순서를 나타내는 표현으로, 반의어 관계예요. before는 어떤 것을 하기 전을 의미하고, 반대로 after는 어떤 것을 한 후를 뜻해요.

153 ☐☐
before
[bifɔ́:r]

전치사 ~ 전에   반의어 after ~후에
접속사 ~하기 전에   반의어 after ~한 후에

I drink water **before** breakfast.
나는 아침 식사 전에 물을 마신다.

154 ☐☐
after
[ǽftər]

전치사 ~ 후에   반의어 before ~전에
접속사 ~한 후에   반의어 before ~하기 전에

We play **after** school.
우리는 방과 후에 논다.

Word Skill

● **Match to their opposites.**

1  end

2 new

3  before

a  start

b  after

c  old

Answers 1a 2c 3b

Daily Test

정답 p.137

A Look, choose, and write. n o f w

1 f__rk

2 ca__dy

3 ne__

4 be__ore

B Listen and circle. Then write.

p	r	s	l	f	w
a	f	t	e	r	j
r	w	a	k	i	p
t	e	r	n	e	f
y	p	t	f	n	k
b	t	e	g	d	w

1 _____

2 _____

3 _____

4 _____

C Choose and complete.

| play   sweet   house   fun |

1 We played the game for _____. 우리는 **재미**로 그 게임을 했다.

2 I like _____ food. 나는 **단** 음식을 좋아한다.

3 Let's _____ with a ball. 공을 가지고 **놀자**.

4 I live in a big _____. 나는 큰 **집**에 산다.

DAY 11 / 055

DAY 12

학습일 | 1차 월 일 | 2차 월 일

빵집에서는 빵을 팔아요.

155 ☐☐
bakery
[béikəri]

명사 빵집, 제과점
We go to the **bakery**.
우리는 그 빵집에 간다.

156 ☐☐
bread
[bred]

명사 빵
They want some **bread**.
그들은 약간의 빵을 원한다.

겨울에는 눈이 와요.

157 ☐☐
winter
[wíntər]

명사 겨울
It is cold in **winter**.
겨울에는 춥다.

158 ☐☐
snowy
[snóui]

형용사 눈이 오는
It is **snowy** outside.
밖에 눈이 온다.

한 주의 끝은 주말이에요.

159 ☐☐
week
[wi:k]

명사 1 주 2 일주일
See you next **week**.
다음 주에 봐.

160 ☐☐
weekend
[wí:kènd]

명사 주말
Have a nice **weekend**.
주말 잘 보내.

💬 What season can you make a snowman? 눈사람을 만들 수 있는 계절은?   답: winter

STEP 1 영단어와 예문 듣기
STEP 2 영단어와 예문 듣고 따라 읽기
따라 읽은 후, 단어를 보고 스스로 읽어보세요.
STEP 3 동영상으로 실력 다지기
영상을 보며 단어와 예문을 다시 한번 익히세요.

컵에 차를 따라 마셔요.

161 ☐☐
cup
[kʌp]

명사 컵, (찻)잔
The **cup** is white.
그 컵은 흰색이다.

162 ☐☐
tea
[tiː]

명사 (음료의) 차; 홍차
I drink **tea** in the morning.
나는 아침에 차를 마신다.

잔을 물로 채워요.

163 ☐☐
glass
[glæs]

명사 1 유리 2 유리잔[컵]
The cup is made of **glass**.
그 컵은 유리로 만들어져 있다.

164 ☐☐
fill
[fil]

동사 (가득) 채우다
I **fill** the glass with water.
나는 그 유리잔에 물을 채운다.

화장실에서 샤워를 해요.

165 ☐☐
bathroom
[bǽθrùːm]

명사 화장실, 욕실
Where is the **bathroom**?
화장실은 어디에 있나요?

166 ☐☐
shower
[ʃáuər]

명사 샤워
I take a **shower**.
나는 샤워를 한다.

 **Where do you take a shower?** 샤워를 하는 곳은?   답: bathroom

DAY 12 / 057

Focus ON

now는 '지금'을 뜻하고, next는 '다음'을 뜻해요. 중요하다고 생각하는 일은 '지금(now)' 해야 하지, '다음(next)'으로 미루면 안 되겠죠?

167 ☐☐
now
[nau]

부사 지금, 이제
I have a class **now**.
나는 지금 수업이 있다.

168 ☐☐
next
[nekst]

형용사 다음의
It's my birthday **next** week.
다음 주는 내 생일이다.

Word Skill

● **Look and write.**

1  +  =
   _____   room   bathroom

2  +  =
   week   _____   weekend

Answers 1 bath 2 end

Daily Test

A Listen and circle.

1 cup

a

b

2 bread

a

b

3 snowy

a

b

B Circle and write.

1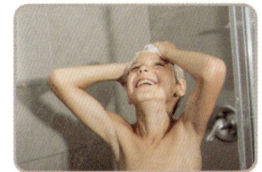

f s h o w e r g

_____

2

m u f i l l g w

_____

3

s c u w e e k d

_____

C Choose and complete.

> next   winter   bathroom   weekend

1 Where is the _____? 화장실은 어디에 있나요?

2 Have a nice _____. 주말 잘 보내.

3 It is cold in _____. 겨울에는 춥다.

4 It's my birthday _____ week. 다음 주는 내 생일이다.

DAY 13

학습일 1차 월 일 2차 월 일

자동차 **바퀴**는 **굴러가요**.

169
wheel
[wi:l]

명사 바퀴

A car has four **wheels**.
자동차에는 네 개의 바퀴가 있다.

170
roll
[roul]

동사 굴러가다; 굴리다

roll down a hill
언덕 아래로 굴러가다

일곱 **시**에 **저녁**을 먹어요.

171
o'clock
[əklάk]

부사 ~시

It is seven **o'clock**.
일곱 시다.

172
dinner
[dínər]

명사 저녁 식사

Let's have **dinner**.
저녁 먹자.

참고 breakfast 아침 식사   lunch 점심 식사

음악을 들으며 **춤**을 춰요.

173
music
[mjú:zik]

명사 음악

I listen to **music**.
나는 음악을 듣는다.

174
dance
[dæns]

동사 춤을 추다   명사 춤[댄스]

We like to **dance**.
우리는 춤 추는 것을 좋아한다.

 What do cars need to move? 차가 움직이기 위해 필요한 것은?   답: wheel(s)

| STEP 1 영단어와 예문 듣기 | STEP 2 영단어와 예문 듣고 따라 읽기 따라 읽은 후, 단어를 보고 스스로 읽어보세요. | STEP 3 동영상으로 실력 다지기 영상을 보며 단어와 예문을 다시 한번 익히세요. |

밧줄을 당겨요.

175 ☐☐
rope
[roup]

명사 밧줄, 로프
He is holding a **rope**.
그는 밧줄을 잡고 있다.

176 ☐☐
pull
[pul]

동사 당기다, 끌다 반의어 push 누르다, 밀다
You push, and I'll **pull**.
네가 밀고, 내가 끌게.

하늘과 땅을 봐!

177 ☐☐
sky
[skai]

명사 하늘
Look at the **sky**.
하늘을 봐.

178 ☐☐
land
[lænd]

명사 땅, 육지
Lions live on **land**.
사자들은 땅에 산다.

장미에서 좋은 냄새가 나요.

179 ☐☐
rose
[rouz]

명사 장미
The **roses** are red.
그 장미들은 빨갛다.

180 ☐☐
smell
[smel]

동사 ~한 냄새가 나다 명사 냄새
The flowers **smell** good.
그 꽃들은 냄새가 좋다.

Where are the stars? 별이 떠 있는 곳은?

답: sky

DAY 13 / 061

Focus ON

more는 수나 양이 더 많은 것, best는 여러 개 중에서 가장 좋은 것을 뜻해요. 가령, '더 많은 장난감들'은 more toys, 여러 장난감 중에 '최고의 장난감'은 best toy라고 해요.

181 ☐☐
more
[mɔːr]

형용사 더 많은 부사 더 (많이)

The girl wants **more** food.
그 소녀는 더 많은 음식을 원한다.

182 ☐☐
best
[best]

형용사 최고의, 가장 좋은

She is my **best** friend.
그녀는 나의 가장 좋은 친구이다.

Word Skill

● Choose the correct pictures.

1 have **dinner**

a

b

2 smell a pie

a

b

3 have a **rose**

a

b

Answers 1a 2b 3b

Daily Test

A Listen and circle.

1. pull / smell

2. more / best

3. dance / roll

4. music / dinner

B Unscramble and write.

1.  l n d a

2.  s t e b

3.  l p l u

4.  o l l r

C Choose and complete.

> music   roses   wheels   o'clock

1 The _____ are red. 그 **장미들**은 빨갛다.

2 It is seven _____. 일곱 **시**다.

3 I listen to _____. 나는 **음악**을 듣는다.

4 A car has four _____. 자동차에는 네 개의 **바퀴**가 있다.

DAY 14

학습일 1차 월 일 2차 월 일

내게는 강아지가 있어요.

183 ☐☐
puppy
[pʌ́pi]

명사 강아지

I want a **puppy**.
나는 강아지를 원한다.

184 ☐☐
have
[hǽv]

동사 (과거형 had) 가지고 있다

Do you **have** a pet?
당신은 애완동물이 있나요?

우리는 답을 알고 있어요.

185 ☐☐
answer
[ǽnsər]

명사 답 동사 답하다

It is the right **answer**.
그것은 올바른 답이다[정답이다].

참고 ask 묻다, 물어보다

186 ☐☐
know
[nou]

동사 (과거형 knew) 알다

I **know** how to count.
나는 수를 셀 줄 안다.

강아지는 꼬리가 짧아요.

187 ☐☐
tail
[teil]

명사 꼬리

Dogs have **tails**.
개들은 꼬리를 가지고 있다.

188 ☐☐
short
[ʃɔːrt]

형용사 1 짧은 반의어 long 긴
2 키가 작은 반의어 tall 키가 큰, 높은

Its legs are **short**.
그것의 다리는 짧다.

💬 **What do you call a young dog?** 어린 개를 부르는 말은?   답: puppy

STEP 1 영단어와 예문 듣기
STEP 2 영단어와 예문 듣고 따라 읽기
따라 읽은 후, 단어를 보고 스스로 읽어보세요.
STEP 3 동영상으로 실력 다지기
영상을 보며 단어와 예문을 다시 한번 익히세요.

식당에서 밥을 먹어요.

189
restaurant
[réstərənt]

명사 식당, 레스토랑
I know a good **restaurant**.
나는 좋은 식당을 안다.

190
eat
[iːt]

동사 (과거형 ate) 먹다
I **ate** pizza for dinner.
나는 저녁으로 피자를 먹었다.

시끄러운 소리가 들려요.

191
noisy
[nɔ́izi]

형용사 시끄러운 반의어 quiet 조용한
The dogs are **noisy**.
그 개들은 시끄럽다.

192
sound
[saund]

명사 소리 동사 (~하게) 들리다
I hear that **sound**.
나는 저 소리가 들린다.

사막에는 모래가 많아요.

193
desert
[dézərt]

명사 사막
It is hot in the **desert**.
사막은 덥다.

194
sand
[sænd]

명사 모래
We play in the **sand**.
우리는 모래에서 논다.

 Where can you buy and eat food? 음식을 사 먹을 수 있는 곳은?   답: restaurant

handsome은 '잘생긴'을 뜻하며 주로 남자의 외모에 대한 표현으로 쓰여요. 반면에 beautiful은 '아름다운'이라는 뜻으로, 남자보단 여자에게 더 많이 사용돼요.

195 ☐☐
handsome
[hǽnsəm]

형용사 잘생긴 반의어 ugly 못생긴, 보기 싫은

He is **handsome**.
그는 잘생겼다.

196 ☐☐
beautiful
[bjúːtəfəl]

형용사 아름다운 유의어 pretty 예쁜

She is **beautiful**.
그녀는 아름답다.

Word Skill

● **Match to their opposites.**

1
long

2
handsome

3
quiet

a noisy

b
short

c
ugly

Answers 1b 2c 3a

Daily Test

정답 p.138

A Look, choose, and write. r s u p

bea__tiful

pu__py

hand__ome

restau__ant

B Listen and circle. Then write.

j	y	e	t	f	s
g	h	n	k	e	h
k	n	o	w	j	o
s	w	i	n	m	r
d	e	s	e	r	t
f	a	y	w	d	u

1
_____

2
_____

3
_____

4
_____

C Choose and complete.

ate   tails   have   answer

1 Dogs have _____. 개들은 **꼬리**를 가지고 있다.

2 Do you _____ a pet? 당신은 애완동물이 **있나요**?

3 It is the right _____. 그것은 올바른 **답**이다[정답이다].

4 I _____ pizza for dinner. 나는 저녁으로 피자를 **먹었다**.

DAY 14 / 067

DAY 15 Pets & Farm Animals

학습일 1차   월   일 | 2차   월   일

197~210

dog
개

cat
고양이

frog
개구리

lamb
어린[새끼] 양

bird
새

horse
말

cow
소

pig
돼지

rabbit
토끼

Today's Phonics

ow · ou
ow와 ou는 우리말 '아우'처럼 읽어요.

 c**ow**

 m**ou**se

STEP 1	STEP 2	STEP 3
영단어와 예문 듣기	영단어와 예문 듣고 따라 읽기 따라 읽은 후, 단어를 보고 스스로 읽어보세요.	동영상으로 실력 다지기 영상을 보며 단어와 예문을 다시 한번 익히세요.

camel
낙타

goat
염소

iguana
이구아나

donkey
당나귀

mouse
쥐

쥐 한 마리는 mouse, 두 마리 이상은 mice라고 해요.

 집에서 키우고 싶은 동물 세 가지를 적어보세요.

1. _____ 2. _____ 3. _____

Today's Sentences

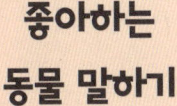

좋아하는 동물 말하기

Do you like **dogs**? 너는 개를 좋아하니?

I like **rabbits**. 나는 토끼를 좋아한다.

Daily Test

A Circle the correct pictures.

1
frog

2
mouse

B Match and write.

1  • • ⓐ 
c   ig

2  • • ⓑ 
p   og

3  • • ⓒ 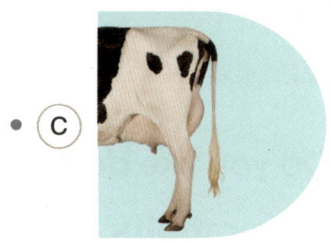
d   ow

정답 p.138

C Look and choose.

1
   a He likes iguanas.
   b He likes frogs.

2
   a They like lambs.
   b They like goats.

D Look, listen, and write.

1
2
3
4
5
6

- Now, write the hidden word.

The hidden word is ___ ___ ___ ___ ___ .

DAY 16

학습일 1차 월 일 | 2차 월 일

정원에 꽃을 심어요.

211
garden
[gáːrdn]

명사 정원

We have a **garden**.
우리는 정원이 있다.

212
flower
[fláuər]

명사 꽃

Flowers are beautiful.
꽃들은 아름답다.

아침에 해가 떠요.

213
morning
[mɔ́ːrniŋ]

명사 아침

Good **morning**!
좋은 아침!

참고 afternoon 오후   evening 저녁

214
sun
[sʌn]

명사 (the ~) 해, 태양

The **sun** is hot.
해가 뜨겁다.

좋은 아이디어를 생각해 봐요.

215
idea
[aidíːə]

명사 생각, 아이디어

That's a great **idea**!
그것은 좋은 생각이야!

216
think
[θiŋk]

동사 (과거형 thought) 생각하다

What do you **think** about it?
너는 그것에 대해 어떻게 생각하니?

 What can you give as a gift? 선물로 줄 수 있는 것은?

답: flower

| STEP 1 영단어와 예문 듣기 | STEP 2 영단어와 예문 듣고 따라 읽기 따라 읽은 후, 단어를 보고 스스로 읽어보세요. | STEP 3 동영상으로 실력 다지기 영상을 보며 단어와 예문을 다시 한번 익히세요. |

우리 **고모**와 **삼촌**을 소개할게요.

217 ☐☐
aunt
[ænt]

명사 고모, 이모
She is my **aunt**.
그녀는 내 고모다.

218 ☐☐
uncle
[ʌ́ŋkl]

명사 삼촌
My **uncle** is tall.
내 삼촌은 키가 크다.

냄비에 치킨을 **튀겨요**.

219 ☐☐
pan
[pæn]

명사 (손잡이가 달린 얕은) 냄비[팬]
The **pan** is hot.
그 냄비는 뜨겁다.

220 ☐☐
fry
[frai]

동사 (기름에) 튀기다
Let's **fry** the chicken.
그 닭을 튀기자.

사과와 **바나나**는 과일이에요.

221 ☐☐
apple
[ǽpl]

명사 사과
She wants an **apple**.
그녀는 사과를 원한다.

222 ☐☐
banana
[bənǽnə]

명사 바나나
I will eat a **banana**.
나는 바나나를 먹을 것이다.

💬 What do you use to cook? 요리할 때 쓰는 것은?   답: pan

DAY 16 / 073

Focus ON

hello와 bye는 인사말이에요. 누군가를 만났을 때는 hello나 hi라고 말하고, 헤어질 때는 작별 인사로 bye나 goodbye라고 말해요.

223 ☐☐
hello
[helóu]

감탄사 **안녕**

Hello, I'm Maria.
안녕, 나는 마리아야.

224 ☐☐
bye
[bai]

감탄사 **잘 가**   동의어 goodbye

Bye! See you later.
잘 가! 나중에 봐.

Word Skill

● **Look and write.**

1

sun
+

flower
=

_____

2

_____
+

cake
=

pancake

Answers 1 sunflower 2 pan

Daily Test

정답 p.138

A Look, choose, and write.

 1 mo__ning

 2 fr__

 3 ban__na

 4 by__

B Listen and circle. Then write.

w	l	q	n	u	f
l	t	h	i	n	k
p	w	e	j	c	y
c	s	l	b	l	a
h	d	l	c	e	m
f	l	o	w	e	r

 1 _____

 2 _____

 3 _____

 4 _____

C Choose and complete.

> idea   apple   aunt   sun

1 She wants an _____. 그녀는 **사과**를 원한다.

2 The _____ is hot. **해**가 뜨겁다.

3 She is my _____. 그녀는 내 **고모**다.

4 That's a great _____! 그것은 좋은 **생각**이야!

DAY 16 / 075

DAY 17

아기는 작아요.

225 □□
baby
[béibi]

명사 아기
A **baby** is sleeping.
아기가 자고 있다.

226 □□
little
[lítl]

형용사 (크기 · 양이) 작은, 적은 반의어 big 큰
The puppy is **little**.
그 강아지는 작다.

행복할 때 미소를 지어요.

227 □□
happy
[hǽpi]

형용사 행복한 반의어 sad 슬픈
She looks **happy**.
그녀는 행복해 보인다.

228 □□
smile
[smail]

동사 미소 짓다 명사 미소
They are **smiling**.
그들은 웃고 있다.

수영장에서 수영을 해요.

229 □□
pool
[puːl]

명사 수영장
We swim in the **pool**.
우리는 그 수영장에서 수영을 한다.

230 □□
swim
[swim]

동사 (과거형 swam) 수영하다
I like to **swim**.
나는 수영하는 것을 좋아한다.

 Where do you swim? 수영을 하는 곳은?   답: pool

STEP 1	STEP 2	STEP 3
영단어와 예문 듣기	영단어와 예문 듣고 따라 읽기 따라 읽은 후, 단어를 보고 스스로 읽어보세요.	동영상으로 실력 다지기 영상을 보며 단어와 예문을 다시 한번 익히세요.

미술을 좋아해요.

231
art
[aːrt]

명사 미술; 예술

He is good at **art**.
그는 미술을 잘한다.

232
like
[laik]

동사 좋아하다   전치사 ~와 같은, ~처럼

I **like** animals.
나는 동물을 좋아한다.

유령은 무서워요.

233
ghost
[goust]

명사 유령, 귀신

see a **ghost**
유령을 보다

234
scary
[skɛ́əri]

형용사 무서운

I like **scary** movies.
나는 무서운 영화를 좋아한다.

통나무에 나뭇잎이 있어요.

235
log
[lɔːg]

명사 통나무

There is a huge **log**.
거대한 통나무가 있다.

236
leaf
[liːf]

명사 (복수형 leaves) 나뭇잎

Leaves are falling.
나뭇잎들이 떨어지고 있다.

💬 **What do you see in scary movies?** 무서운 영화에서 볼 수 있는 것은?   답: ghost

DAY 17 / 077

good은 '좋은', bad는 '안 좋은'이란 뜻으로 반의어 관계예요. 가령, '좋은 하루'는 good day, '안 좋은 하루'는 bad day라고 해요.

237 ☐☐
good
[gud]

형용사 좋은 반의어 bad 안 좋은, 나쁜

You're a **good** friend.
너는 좋은 친구야.

238 ☐☐
bad
[bæd]

형용사 안 좋은, 나쁜 반의어 good 좋은

I had a **bad** day.
나는 안 좋은 하루를 보냈다.

Word Skill

● **Match to their opposites.**

1  little

2  bad

3  happy

a  sad

b  good

c  big

Answers 1c 2b 3a

Daily Test

정답 p.138

A Listen and circle.

1 art

a

b

2 smile

a

b

3 baby

a

b

B Circle and write.

1

j d s w i m p f

_____

2

l e a j h l o g

_____

3

d r p g h o s t

_____

C Choose and complete.

> pool   little   scary   bad

1 I like _____ movies. 나는 **무서운** 영화를 좋아한다.

2 I had a _____ day. 나는 **안 좋은** 하루를 보냈다.

3 The puppy is _____. 그 강아지는 **작다**.

4 We swim in the _____. 우리는 그 **수영장**에서 수영을 한다.

DAY 17 / 079

DAY 18

엄마에게
선물을 줘요.

239
gift
[gift]

명사 선물

Mom gets a **gift**.
엄마는 선물을 받는다.

240
give
[giv]

동사 (과거형 gave) 주다

I **give** her flowers.
나는 그녀에게 꽃을 준다.

직업을 가지고
일을 해요.

241
job
[dʒab]

명사 직업, 일

My mother has a **job**.
내 어머니는 직업이 있다.

242
work
[wəːrk]

동사 일하다 명사 일

I **work** at a hospital.
나는 병원에서 일한다.

상점에서
장화를 사요.

243
boot
[buːt]

명사 (보통 boots) 장화, 부츠

She is wearing **boots**.
그녀는 장화를 신고 있다.

244
buy
[bai]

동사 (과거형 bought) 사다 반의어 sell 팔다

Where did you **buy** the shoes?
너는 그 신발을 어디에서 샀니?

What do you get for Christmas? 크리스마스에 받는 것은? 답: gift

STEP 1 영단어와 예문 듣기
STEP 2 영단어와 예문 듣고 따라 읽기
따라 읽은 후, 단어를 보고 스스로 읽어보세요.
STEP 3 동영상으로 실력 다지기
영상을 보며 단어와 예문을 다시 한번 익히세요.

반지와 목걸이를 착용해요.

245 ☐☐
ring
[riŋ]

명사 반지 동사 (과거형 rang) 울리다
She has a **ring**.
그녀는 반지를 가지고 있다.

246 ☐☐
necklace
[néklis]

명사 목걸이
I am wearing a **necklace**.
나는 목걸이를 하고 있다.

문을 두드려요.

247 ☐☐
door
[dɔːr]

명사 문
There is a man at the **door**.
문 쪽에 한 남자가 있다.
참고 window 창문

248 ☐☐
knock
[nak]

동사 두드리다
knock on the door
문을 두드리다

큰 목소리로 말해요.

249 ☐☐
voice
[vɔis]

명사 목소리
She has a loud **voice**.
그녀는 큰 목소리를 갖고 있다.

250 ☐☐
talk
[tɔːk]

동사 말하다, 이야기하다
Don't **talk** in the library.
도서관에서는 말하지 마세요.

 What do you wear on your finger? 손가락에 끼는 것은?   답: ring

this는 말하는 사람으로부터 가까이 있는 것을 가리킬 때, that은 멀리 있는 것을 가리킬 때 사용해요. 각각 '이것'과 '저것'을 의미해요.

251 ☐☐
this
[ðis]

대명사 이것 형용사 이, 여기 있는

This is my lunch.
이건 내 점심이다.

252 ☐☐
that
[ðæt]

대명사 저것 형용사 저, 저기 있는

Is **that** your bag?
저거 네 가방이야?

Word Skill

● **Choose the correct pictures.**

| 1 wear **boots** | 2 open the **door** | 3 **talk** with friends |

a

b

a

b

a

b

Answers 1b 2a 3b

Daily Test

정답 p.138

A Listen and circle.

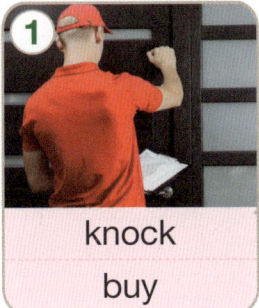
1. knock / buy

2. gift / voice

3. that / this

4. work / talk

B Unscramble and write.

1    i v g e   ☐☐☐☐

2    o b t o   ☐☐☐☐

3    r g i n   ☐☐☐☐

4    h t s i   ☐☐☐☐

C Choose and complete.

| gift   buy   necklace   talk |

1 I am wearing a _____. 나는 **목걸이**를 하고 있다.

2 Mom gets a _____. 엄마는 **선물**을 받는다.

3 Don't _____ in the library. 도서관에서는 **말하지** 마세요.

4 Where did you _____ the shoes? 너는 그 신발을 어디에서 **샀니**?

DAY 18 / 083

DAY 19

학습일 1차 월 일 2차 월 일

MP3

침대는 침실에 있어요.

253 ☐☐
bed
[bed]

명사 침대
I have a big **bed**.
나는 큰 침대가 있다.

254 ☐☐
bedroom
[bédrùːm]

명사 침실
She is in the **bedroom**.
그녀는 침실에 있다.

도시는 커요.

255 ☐☐
city
[síti]

명사 도시
Seoul is a **city**.
서울은 도시이다.

256 ☐☐
big
[big]

형용사 큰 반의어 small 작은 little 작은
The buildings are **big**.
그 건물들은 크다.

싱크대에 접시와 그릇이 있어요.

257 ☐☐
plate
[pleit]

명사 (납작하고 둥근) 접시
The **plates** are dirty.
그 접시들은 더럽다.

258 ☐☐
bowl
[boul]

명사 (우묵한) 그릇, 사발
She is washing the **bowl**.
그녀는 그 그릇을 씻고 있다.

💬 What is in the bedroom? 침실에 있는 것은?
답: bed

STEP 1 영단어와 예문 듣기
STEP 2 영단어와 예문 듣고 따라 읽기
따라 읽은 후, 단어를 보고 스스로 읽어보세요.
STEP 3 동영상으로 실력 다지기
영상을 보며 단어와 예문을 다시 한번 익히세요.

친구에게 **비밀을 말해요**.

259
secret
[síːkrit]

명사 비밀
It's a **secret**!
그건 비밀이야!

260
tell
[tel]

동사 (과거형 told) 말하다
Tell me about your family.
너의 가족에 대해 말해줘.

정오는 오후의 시작이에요.

261
noon
[nuːn]

명사 정오, 낮 12시
I have lunch at **noon**.
나는 정오에 점심을 먹는다.

262
afternoon
[æ̀ftərnúːn]

명사 오후
Let's play soccer this **afternoon**.
오늘 오후에 축구하자.
참고 morning 아침 evening 저녁

스포츠는 운동의 일종이에요.

263
sport
[spɔːrt]

명사 스포츠, 운동
Soccer is a **sport**.
축구는 스포츠다.

264
exercise
[éksərsàiz]

동사 운동하다 명사 운동
I **exercise** at night.
나는 밤에 운동을 한다.

💬 What's 12 o'clock in the afternoon? 낮 12시를 뜻하는 말은?   답: noon

please와 thank는 예의 바른 영어를 사용할 때 꼭 필요한 단어예요. please는 무언가를 공손히 요청하거나 부탁할 때, thank는 누군가에게 고마움을 표현할 때 사용해요.

265 ☐☐
please
[pliːz]

부사 제발, 부디

Please don't run.
제발 뛰지 마세요.

266 ☐☐
thank
[θæŋk]

동사 고마워하다

Thank you.
고마워요.

Word Skill

● **Look and write.**

1.  ___ +  room =  bedroom

2.  after +  ___ =  afternoon

Answers 1 bed 2 noon

Daily Test

정답 p.139

A Look, choose, and write. w o e t

 pl__ase

 ci__y

 aftern__on

 bo__l

B Listen and circle. Then write.

k	o	j	p	b	w
s	e	c	r	e	t
p	r	f	k	d	h
o	g	w	n	e	w
r	l	q	u	h	l
t	h	a	n	k	d

1
_____

2
_____

3
_____

4
_____

C Choose and complete.

noon   exercise   bedroom   plates

1 She is in the _____. 그녀는 **침실**에 있다.

2 I have lunch at _____. 나는 **정오**에 점심을 먹는다.

3 The _____ are dirty. 그 **접시들**은 더럽다.

4 I _____ at night. 나는 밤에 **운동을 한다**.

DAY 20 Food

학습일 1차 월 일 | 2차 월 일

267~280

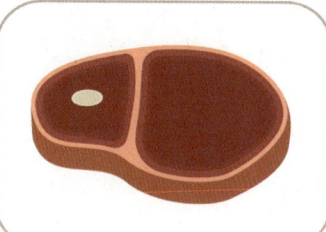
steak
스테이크

salad
샐러드

soup
수프

hotdog
핫도그

hamburger
햄버거

sandwich
샌드위치

pizza
피자

noodle
국수

pasta
파스타

Today's Phonics

ch
ch는 바람새는 소리로 '취'로 발음해요.

sandwi**ch**

chicken

STEP 1 영단어와 예문 듣기
STEP 2 영단어와 예문 듣고 따라 읽기
따라 읽은 후, 단어를 보고 스스로 읽어보세요.
STEP 3 동영상으로 실력 다지기
영상을 보며 단어와 예문을 다시 한번 익히세요.

rice 밥, 쌀

bacon 베이컨

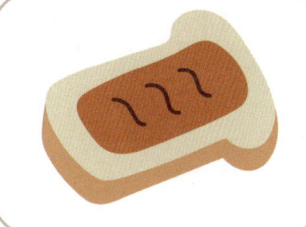

toast 토스트

cereal 시리얼

chicken 닭고기

> chicken은 동물 '닭'을 뜻하기도 하고, 음식 '닭고기'를 말하기도 해요.

 당신은 지금 배가 매우 고파요. 가장 먹고 싶은 음식은 무엇인가요?

1. _____ 2. _____ 3. _____

Today's Sentences

좋아하는 음식 말하기

I like **salad**. 나는 샐러드를 좋아한다.

He doesn't like **pizza**. 그는 피자를 좋아하지 않는다.

Daily Test

A Look and unscramble.

1  p u s o

2  r c i e

3 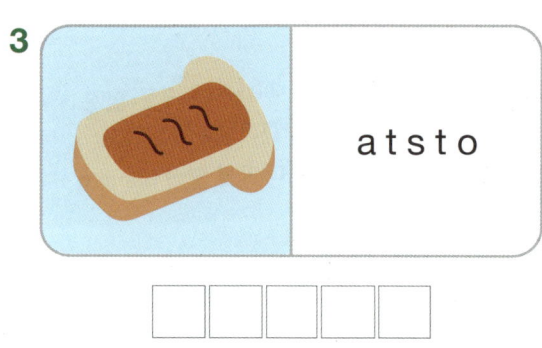 a t s t o

4  o b a n c

B Listen and match.

1   2   3   4

 salad

 chicken

 sandwich

 pizza

정답 p.139

C Write the sentences correctly.

1 Ilikesteak.
   ➡ ☐ ☐ ☐ .

2 Hedoesn'tlikenoodles.
   ➡ ☐ ☐ ☐ ☐ ☐ .

3 Theylikehotdogs.
   ➡ ☐ ☐ ☐ .

4 Idon'tlikecereal.
   ➡ ☐ ☐ ☐ ☐ .

5 Theydon'tlikehamburgers.
   ➡ ☐ ☐ ☐ ☐ ☐ .

6 Helikespasta.
   ➡ ☐ ☐ ☐ .

● Now, circle ALL the food that *I*, *he*, or *they* like(s).

DAY 20 / 091

Review DAY 11~20

A Find the words in the box and write.

| best | exercise | secret | have | glass |
| pull | garden | new | think | ring |

01 유리; 유리잔[컵] _ _ _ _ _

02 가지고 있다 _ _ _ _

03 새로운 _ _ _

04 반지; 울리다 _ _ _ _

05 운동하다; 운동 _ _ _ _ _ _ _ _

06 생각하다 _ _ _ _ _

07 정원 _ _ _ _ _ _

08 최고의, 가장 좋은 _ _ _ _

09 당기다, 끌다 _ _ _ _

10 비밀 _ _ _ _ _ _

B Look at the letters in pink above. Then answer the question.

What is a table you can eat?

_ _ _ _ _ _ _ _ _ _

C Look at the words below. Write each word in the correct box.

morning   uncle   happy   bakery
restaurant   bad   afternoon   aunt

1 Words That Name Places

_____
_____

2 Words About Times of The Day

_____
_____

3 Words About People in the Family

_____
_____

4 Words That Tell How You Feel

_____
_____

DAY 21

학습일 1차 월 일 | 2차 월 일

구름이 많고 폭풍이 쳐요.

281
cloud
[klaud]

명사 구름

I see a big **cloud**.
큰 구름이 보인다.

282
storm
[stɔːrm]

명사 폭풍

A **storm** is coming.
폭풍이 오고 있다.

마스크를 써요.

283
mask
[mæsk]

명사 1 마스크   2 가면

You should wear a **mask**.
너는 마스크를 써야 한다.

284
wear
[wɛər]

동사 (과거형 wore) (옷·모자 등을) 입다[쓰다]

I am **wearing** a dress.
나는 드레스를 입고 있다.

우리는 같은 모자를 써요.

285
same
[seim]

형용사 같은   반의어 different 다른

Our T-shirts are the **same** size.
우리 티셔츠는 같은 사이즈이다.

286
cap
[kæp]

명사 (앞에 챙이 달린) 모자

We wear baseball **caps**.
우리는 야구 모자를 쓴다.

참고 hat 모자(테두리에 챙이 있는 것)

💬 **What can you wear on your head?** 머리에 쓸 수 있는 것은?   답: cap

STEP 1	STEP 2	STEP 3
영단어와 예문 듣기	영단어와 예문 듣고 따라 읽기 따라 읽은 후, 단어를 보고 스스로 읽어보세요.	동영상으로 실력 다지기 영상을 보며 단어와 예문을 다시 한번 익히세요.

부엌에는 **탁자**가 있어요.

287
kitchen
[kítʃən]

명사 부엌, 주방

She is in the **kitchen**.
그녀는 부엌에 있다.

288
table
[téibl]

명사 탁자, 테이블

The **table** is big.
그 탁자는 크다.

햇빛에 **옷**을 말려요.

289
clothes
[klouz]

명사 옷

I need new **clothes**.
나는 새 옷이 필요하다.

290
dry
[drai]

형용사 마른 반의어 wet 젖은 동사 말리다

Is my T-shirt **dry**?
제 티셔츠가 다 말랐나요?

학교에 **가방**을 가져가요.

291
bag
[bæg]

명사 가방

The book is in my **bag**.
그 책은 내 가방 안에 있다.

292
take
[teik]

동사 (과거형 took) 가지고 가다

I **take** my pencils.
나는 내 연필들을 가져간다.

 What do you take to school? 학교에 가져가는 것은?

답: bag

Focus ON: in은 어떤 공간 안에 있음을 나타내고, out은 반대로 어떤 공간 바깥에 있음을 나타내요. 안으로 들어가는 것은 come in, 밖으로 나가는 것은 go out이라고 해요.

293 ☐☐
in
[in]

전치사 ~(안)에   부사 안[속]에
Toys are **in** the basket.
장난감들은 그 바구니 안에 있다.

294 ☐☐
out
[aut]

부사 밖에, 밖으로
Let's go **out** for a walk.
산책하러 밖으로 나가자.

Word Skill

- **Complete the phrase. Write the correct words.**

cap   mask   clothes

wear (a) ...

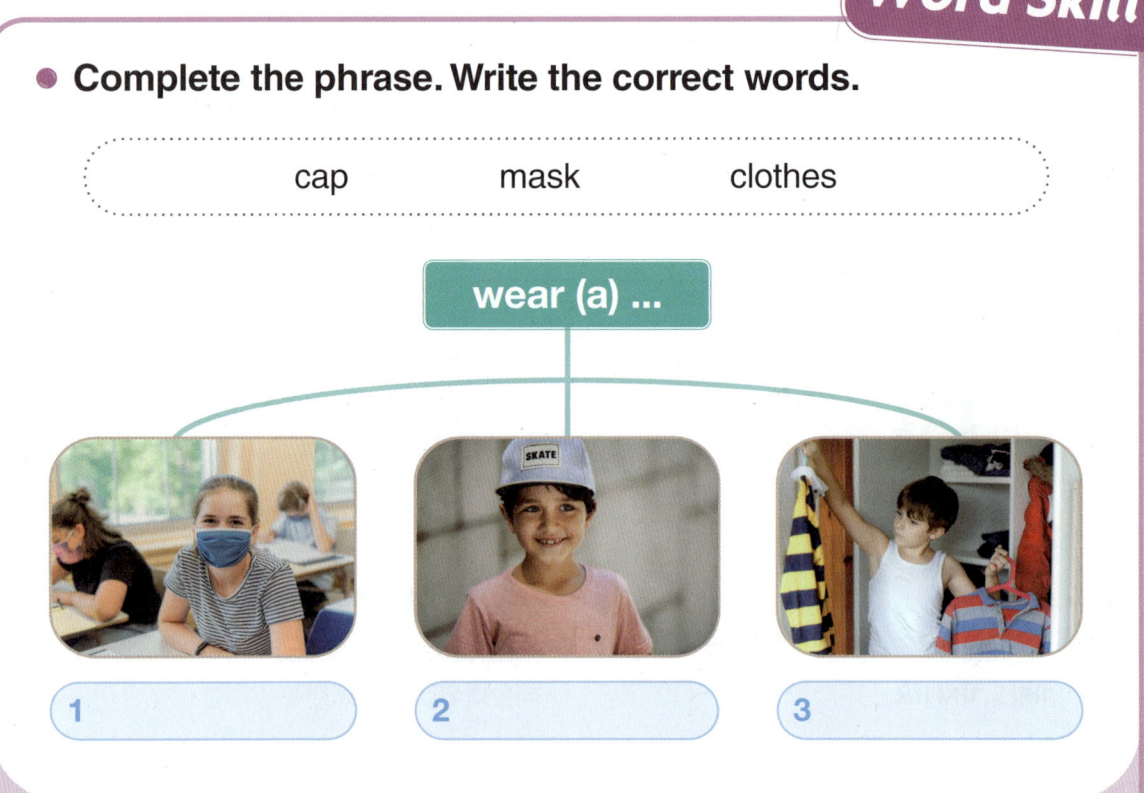

1. _____   2. _____   3. _____

Answers 1 mask 2 cap 3 clothes

Daily Test

정답 p.139

A Look, choose, and write. l y i k

dr___

___n

ta___e

tab___e

B Listen and circle. Then write.

a	b	m	a	s	k
k	e	j	y	a	l
s	t	o	r	m	f
y	h	u	f	e	h
p	e	t	t	b	o
j	f	h	d	i	s

1
_____

2
_____

3
_____

4
_____

C Choose and complete.

> wearing   clothes   kitchen   same

1 Our T-shirts are the _____ size. 우리 티셔츠는 **같은** 사이즈이다.

2 I need new _____. 나는 새 **옷**이 필요하다.

3 I am _____ a dress. 나는 드레스를 **입고 있다**.

4 She is in the _____. 그녀는 **부엌**에 있다.

DAY 21 / 097

DAY 22

학습일 1차 월 일 2차 월 일

말은 경주에서 빨리 달려요.

295
race
[reis]

명사 경주

win a **race**
경주를 이기다

296
fast
[fæst]

형용사 빠른 반의어 slow 느린
부사 빨리, 빠르게 반의어 slowly 느리게

Horses are **fast**.
말들은 빠르다.

지금 은행에 가요.

297
bank
[bæŋk]

명사 은행

There is a **bank** near here.
이 근처에 은행이 하나 있다.

298
go
[gou]

동사 (과거형 went) 가다

Where are you **going**?
당신은 어디에 가는 중인가요?

얼음은 차가워요.

299
ice
[ais]

명사 얼음

There is some **ice** in the glass.
그 유리잔에 약간의 얼음이 있다.

300
cold
[kould]

형용사 추운, 찬[차가운] 반의어 hot 더운, 뜨거운

She is drinking **cold** water.
그녀는 차가운 물을 마시고 있다.

Where can you save money? 돈을 저축할 수 있는 곳은?

답: bank

STEP 1	STEP 2	STEP 3
영단어와 예문 듣기	영단어와 예문 듣고 따라 읽기 따라 읽은 후, 단어를 보고 스스로 읽어보세요.	동영상으로 실력 다지기 영상을 보며 단어와 예문을 다시 한번 익히세요.

식물이 자라요.

301
plant
[plænt]

명사 식물 동사 (나무 등을) 심다
The **plant** died.
그 식물은 죽었다.

302
grow
[grou]

동사 (과거형 grew) 자라다
Trees **grow** well in the sun.
나무들은 햇빛 속에서 잘 자란다.

배고플 때는 요리를 해요.

303
hungry
[hʌ́ŋgri]

형용사 배고픈 반의어 full 배부른
I am **hungry**.
나는 배가 고프다.

304
cook
[kuk]

동사 요리하다 명사 요리사
They are **cooking** pasta.
그들은 파스타를 요리하고 있다.

축구 연습을 하느라 바빠요.

305
practice
[præktis]

동사 연습하다 명사 연습
Let's **practice** soccer.
축구 연습을 하자.

306
busy
[bízi]

형용사 바쁜
Are you **busy** today?
너는 오늘 바쁘니?

What can you grow in your garden? 정원에 기를 수 있는 것은?   답: plant

DAY 22 / 099

Focus ON

알파벳이 모여 어떤 의미를 지닐 때 '단어(word)'라고 해요. 그리고 여러 개의 단어들이 어떤 규칙에 따라 나열되었을 때 '문장(sentence)'이라고 해요.

307 ☐☐
word
[wəːrd]

명사 단어
I learn new **words**.
나는 새로운 단어들을 배운다.

308 ☐☐
sentence
[séntəns]

명사 문장
I write a **sentence**.
나는 문장을 쓴다.

Word Skill

● **Match to their opposites.**

1
cold

2
fast

3
hungry

a
slow

b
hot

c
full

Answers 1b 2a 3c

Daily Test

정답 p.139

A Listen and circle.

1.
   grow
   cook

2.
   word
   sentence

3.
   cold
   busy

4.
   practice
   race

B Circle and write.

1. 　f p s w o r d h　_____

2. 　t g b a n k m y　_____

3. 　w a c o o k n q　_____

4. 　h e l r a c e k　_____

C Choose and complete.

> busy　　going　　hungry　　plant

1. Where are you _____? 당신은 어디에 **가는** 중인가요?

2. I am _____. 나는 **배가 고프다**.

3. Are you _____ today? 너는 오늘 **바쁘니**?

4. The _____ died. 그 **식물**은 죽었다.

DAY 22 / 101

DAY 23

학습일 | 1차 월 일 | 2차 월 일

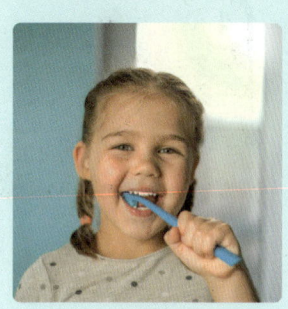
칫솔로
이를 닦아요.

309
tooth
[tu:θ]

명사 (복수형 teeth) 이, 치아
She has white **teeth**.
그녀는 하얀 치아를 갖고 있다.

310
brush
[brʌʃ]

동사 솔[빗]질하다, 닦다
명사 솔, 붓, 빗
I **brush** my teeth.
나는 이를 닦는다.

집에
도착했어요.

311
home
[houm]

명사 집
We are at **home**.
우리는 집에 있다.

312
arrive
[əráiv]

동사 도착하다
When will they **arrive**?
그들은 언제 도착할까요?

질문을
해요.

313
question
[kwéstʃən]

명사 질문, 문제
I have a **question**.
질문이 있어요.

314
ask
[æsk]

동사 묻다, 물어보다
Can I **ask** you a question?
제가 뭐 하나 물어봐도 될까요?
참고 answer 답; 답하다

 What should you clean after eating? 음식을 먹고 닦아야 하는 것은?   답: tooth(teeth)

102

STEP 1	STEP 2	STEP 3
영단어와 예문 듣기	영단어와 예문 듣고 따라 읽기 따라 읽은 후, 단어를 보고 스스로 읽어보세요.	동영상으로 실력 다지기 영상을 보며 단어와 예문을 다시 한번 익히세요.

일기장에 **일기를 써요.**

315 ☐☐
diary
[dáiəri]

명사 일기

Do you keep a **diary**?
너는 일기를 쓰니?

316 ☐☐
write
[rait]

동사 (과거형 wrote) (글자·숫자를) 쓰다

Write your name here.
여기에 네 이름을 써라.

쿠키와 우유를 함께 먹어요.

317 ☐☐
cookie
[kúki]

명사 쿠키

She wants a **cookie**.
그녀는 쿠키를 원한다.

318 ☐☐
milk
[milk]

명사 우유

I drink **milk** in the morning.
나는 아침에 우유를 마신다.

지도는 길을 알려줘요.

319 ☐☐
map
[mæp]

명사 지도

read a **map**
지도를 보다

320 ☐☐
way
[wei]

명사 1 길 2 방법

Let's go this **way**!
이 길로 가자!

💬 **What do you need to find the way?** 길을 찾을 때 필요한 것은? 답: map

on은 어떤 물체 위에 닿아 있거나 붙어 있는 경우에 사용하고, under은 어떤 물체의 아래나 밑에 위치할 때 사용해요.

321 ☐☐
under
[ʌ́ndər]

전치사 ~ 아래에
She is **under** the desk.
그녀는 책상 아래에 있다.

322 ☐☐
on
[ɑːn]

전치사 ~ 위에
A cat is **on** a table.
고양이 한 마리가 탁자 위에 있다.

Word Skill

● **Look and write.**

1. 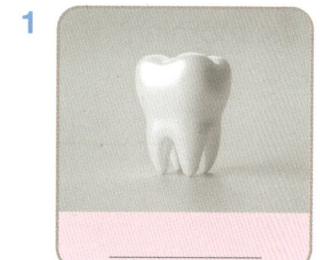 +  brush =  toothbrush

   _____

2.  home +  work =

   _____

Answers 1 tooth 2 homework

Daily Test

A Listen and circle.

1 under
- a
- b

2 brush
- a
- b

3 write
- a
- b

B Unscramble and write.

1
k m i l

2
h m o e

3
p a m

C Choose and complete.

> on   question   diary   way

1 Let's go this _____! 이 **길**로 가자!

2 I have a _____. **질문**이 있어요.

3 A cat is _____ a table. 고양이 한 마리가 탁자 **위**에 있다.

4 Do you keep a _____? 너는 **일기**를 쓰니?

DAY 24

학습일 | 1차 월 일 | 2차 월 일

내가 **가장 좋아하는**
배우야.

323
favorite
[féivərit]

형용사 가장 좋아하는
What is your **favorite** movie?
네가 가장 좋아하는 영화는 무엇이니?

324
actor
[ǽktər]

명사 배우
He is a famous **actor**.
그는 유명한 배우이다.

수업을
시작해요.

325
class
[klæs]

명사 수업
I like art **class**.
나는 미술 수업을 좋아한다.

326
begin
[bigín]

동사 (과거형 began) 시작하다[되다]
유의어 start 시작하다[되다]
School **begins** at nine.
학교는 9시에 시작한다.

선생님은
역사를 **가르쳐요**.

327
history
[hístəri]

명사 역사
We learn **history** at school.
우리는 학교에서 역사를 배운다.

328
teach
[tiːtʃ]

동사 (과거형 taught) 가르치다
What does he **teach**?
그는 무엇을 가르치나요?
참고 teacher 선생님

💬 Who do you see in movies? 영화에서 볼 수 있는 사람은?   답: actor

STEP 1 영단어와 예문 듣기
STEP 2 영단어와 예문 듣고 따라 읽기
따라 읽은 후, 단어를 보고 스스로 읽어보세요.
STEP 3 동영상으로 실력 다지기
영상을 보며 단어와 예문을 다시 한번 익히세요.

바위는 단단해요.

329
rock
[rak]

명사 바위, 돌 유의어 stone 돌, 돌멩이

There is a big **rock**.
큰 바위가 있다.

330
hard
[haːrd]

형용사 1 단단한 반의어 soft 부드러운
　　　 2 어려운 반의어 easy 쉬운

Stones are **hard**.
돌은 단단하다.

주머니 속에서 작은 동전을 꺼내요.

331
pocket
[pákit]

명사 (호)주머니, 포켓

The pants have **pockets**.
그 바지에는 주머니가 있어요.

332
small
[smɔːl]

형용사 작은 반의어 big 큰

The coin is **small**.
그 동전은 작다.

왼쪽으로 돌아요.

333
left
[left]

명사 왼쪽 반의어 right 오른쪽
형용사 왼쪽의 반의어 right 오른쪽의

She is sitting on my **left**.
그녀는 내 왼쪽에 앉아 있다.

334
turn
[təːrn]

동사 돌다, 돌리다

Don't **turn** to the right.
오른쪽으로 돌지 마세요.

 Where can you put small things? 작은 물건을 넣을 수 있는 곳은?

답: pocket

DAY 24

Focus ON

난이도는 어려움의 정도를 나타내죠. 가령, 난이도가 쉬운 문제는 easy question, 어려운 문제는 difficult question이라고 표현해요.

335 ☐☐
easy
[íːzi]

형용사 쉬운 반의어 difficult 어려운

This game is **easy**.
이 게임은 쉽다.

336 ☐☐
difficult
[dífikʌlt]

형용사 어려운 반의어 easy 쉬운

That is a **difficult** question.
그것은 어려운 질문이다.

Word Skill

● **Match to their opposites.**

1  difficult

2  soft

3  left

a  hard

b  right

c  easy

Answers 1c 2a 3b

Daily Test

정답 pp.139~140

A Look, choose, and write. u c t a

 po__ket

 te__ch

 difficul__

 t__rn

B Listen and circle. Then write.

j	p	h	n	t	e
r	a	k	i	r	a
b	c	l	a	s	s
s	t	f	q	o	y
r	o	c	k	h	n
d	r	h	c	p	u

1

2

3

4

C Choose and complete.

small   history   favorite   begins

1 We learn _____ at school. 우리는 학교에서 **역사**를 배운다.

2 What is your _____ movie? 네가 **가장 좋아하는** 영화는 무엇이니?

3 School _____ at nine. 학교는 9시에 **시작한다**.

4 The coin is _____. 그 동전은 **작다**.

DAY 25 Toys

학습일 1차 월 일 2차 월 일

337~350

teddy bear
곰 인형

robot
로봇

toy car
장난감 자동차

block
블록

jump rope
줄넘기

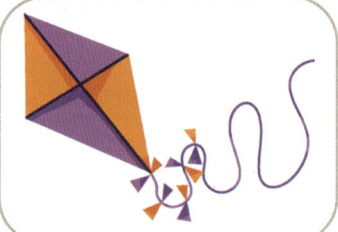
kite
연

yo-yo
요요

doll
인형

card
카드

Today's Phonics

ar
ar은 우리말 '알'처럼 소리 나요.

 c**ar**d    toy c**ar**

STEP 1	STEP 2	STEP 3	
영단어와 예문 듣기	영단어와 예문 듣고 따라 읽기 따라 읽은 후, 단어를 보고 스스로 읽어보세요.	동영상으로 실력 다지기 영상을 보며 단어와 예문을 다시 한번 익히세요.	

puzzle
퍼즐

balloon
풍선

skate
스케이트

clay
점토

cube
큐브

퍼즐의 일종인 '큐브(cube)'의 정식 명칭은 '루빅스 큐브(Rubik's Cube)'예요.

 오늘은 당신의 생일이에요. 어떤 장난감을 갖고 싶나요?

1. _____ 2. _____ 3. _____

Today's Sentences

갖고 싶은 장난감 말하기

I want a **robot**. 나는 로봇을 원한다.

He wants a **balloon**. 그는 풍선을 원한다.

Daily Test

A Check the correct pictures. ✓

1 card

a

b

2 skate

a

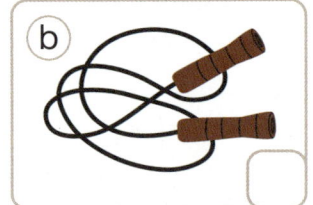
b

3 doll

a

b

➥ These words are about (games / **toys**) .

B Listen and match.

1 **2** **3** **4**

a
puzzle

b
jump rope

c
clay

d
kite

C What do they want? Look, choose, and write.

robot   balloon   toy car   yo-yo   teddy bear   cube

DAY 26

학습일 1차 월 일 | 2차 월 일

물고기를 잡아요.

351 ☐☐
fish
[fiʃ]

명사 물고기

Fish live in water.
물고기들은 물 속에 산다.

---

352 ☐☐
catch
[kætʃ]

동사 (과거형 caught) 잡다

He **caught** a big fish.
그는 큰 물고기를 잡았다.

매트는 부드러워요.

353 ☐☐
mat
[mæt]

명사 매트[깔개]

There is a **mat** in the bathroom.
그 욕실에는 매트가 하나 있다.

---

354 ☐☐
soft
[sɔːft]

형용사 부드러운 반의어 hard 단단한

We need a **soft** mat.
우리는 부드러운 매트가 필요하다.

봄에는 날씨가 따뜻해요.

355 ☐☐
spring
[spriŋ]

명사 봄

Spring is coming.
봄이 오고 있다.

---

356 ☐☐
warm
[wɔːrm]

형용사 따뜻한 반의어 cool 시원한, 서늘한

It is **warm** today.
오늘 날씨가 따뜻하다.

💬 What lives in a pond? 연못에 사는 것은? 답: fish

| STEP 1 영단어와 예문 듣기 | STEP 2 영단어와 예문 듣고 따라 읽기 따라 읽은 후, 단어를 보고 스스로 읽어보세요. | STEP 3 동영상으로 실력 다지기 영상을 보며 단어와 예문을 다시 한번 익히세요. |

선을 그려요.

357
line
[lain]

명사 선

draw a **line**
선을 그리다

358
draw
[drɔː]

동사 (과거형 drew) 그리다

I **draw** a picture.
나는 그림을 그린다.

좋은 하루 보내세요.

359
nice
[nais]

형용사 좋은

She is a **nice** person.
그녀는 좋은 사람이다.

360
day
[dei]

명사 1 하루, 날 2 낮

It was a fun **day**.
재미있는 하루였다.

참고 night 밤

라디오를 들어요.

361
radio
[réidiòu]

명사 라디오

I have an old **radio**.
나는 오래된 라디오 하나를 갖고 있다.

362
listen
[lísn]

동사 듣다

Let's **listen** to music.
음악을 듣자.

💬 What do you do in art class? 미술 수업에서 하는 것은?   답: draw

DAY 26 / 115

Focus ON will과 tomorrow는 미래를 나타내는 단어예요. 『will ~ tomorrow』의 형태로 쓰여 '내일 ~할 것이다'라는 뜻이 돼요.

363 ☐☐
will
[wíl]

조동사 ~할 것이다

I **will** bake bread.
나는 빵을 구울 것이다.

364 ☐☐
tomorrow
[təmɔ́ːrou]

부사 내일   명사 내일

She will come **tomorrow**.
그녀는 내일 올 것이다.

참고 today 오늘   yesterday 어제

Word Skill

- **Look and write.**

1

_____
+

bowl
=

fishbowl

2

gold
+

fish
=

_____

Answers 1 fish 2 goldfish

Daily Test

정답 p.140

A Listen and circle.

1 warm

a

b

2 tomorrow

a

b

3 listen

a

b

B Unscramble and write.

1

a w d r

☐ ☐ ☐ ☐

2

i n c e

☐ ☐ ☐ ☐

3

f s i h

☐ ☐ ☐ ☐

C Choose and complete.

| will   Spring   mat   radio |

1 _____ is coming. 봄이 오고 있다.

2 I have an old _____. 나는 오래된 **라디오** 하나를 갖고 있다.

3 There is a _____ in the bathroom. 그 욕실에는 **매트**가 하나 있다.

4 I _____ bake bread. 나는 빵을 구울 **것이다**.

DAY 26 / 117

DAY 27

학습일 1차 월 일 | 2차 월 일

저는 애완동물을 사랑해요.

365
pet
[pet]

명사 애완동물

He has a **pet**.
그는 애완동물이 있다.

366
love
[lʌv]

동사 사랑하다 반의어 hate 싫어하다 명사 사랑

I **love** my puppy.
나는 내 강아지를 사랑한다.

수건이 젖었어요.

367
towel
[táuəl]

명사 수건

I need a **towel**.
나는 수건이 필요하다.

368
wet
[wet]

형용사 젖은 반의어 dry 마른

My clothes are **wet**.
내 옷은 젖었다.

오늘의 전날은 어제예요.

369
today
[təɾéi]

부사 오늘 명사 오늘

I have a piano class **today**.
나는 오늘 피아노 수업이 있다.

370
yesterday
[jéstərdèi]

부사 어제 명사 어제

What did you do **yesterday**?
너는 어제 뭐했어?

참고 tomorrow 내일

 What do you use to dry your body? 몸을 닦을 때 쓰는 것은?   답: towel

STEP 1 영단어와 예문 듣기
STEP 2 영단어와 예문 듣고 따라 읽기
따라 읽은 후, 단어를 보고 스스로 읽어보세요.
STEP 3 동영상으로 실력 다지기
영상을 보며 단어와 예문을 다시 한번 익히세요.

웃긴 만화를 봐요.

371
funny
[fʌ́ni]

형용사 우스운, 웃기는

The animal looks **funny**.
그 동물은 웃기게 보인다.

372
cartoon
[kɑːrtúːn]

명사 만화

I watch a **cartoon**.
나는 만화를 본다.

세 번째로 와요.

373
third
[θəːrd]

형용사 세 번째의 부사 세 번째로

come in **third** place
3위로 들어오다

참고 first 첫 번째의   second 두 번째의

374
come
[kʌm]

동사 (과거형 came) 오다

Who is **coming** first?
누가 제일 먼저 들어오고 있나요?

거리를 건너요.

375
street
[striːt]

명사 거리, 길

There are cars in the **street**.
거리에 차들이 있다.

376
cross
[krɔːs]

동사 건너다

They are **crossing** the street.
그들은 길을 건너고 있다.

 **Where do cars go?** 차들이 다니는 곳은?

답: street

DAY 27 / 119

Focus ON — inside는 '안에 있다'를, outside는 '밖에 있다'를 표현할 때 사용해요. 가령, '집 안에서 논다'라고 할 때는 play inside, '밖에서 논다'라고 할 때는 play outside라고 해요.

377 ☐☐
inside
[ìnsáid]

부사 안에(서)

We stay **inside**.
우리는 안에 머무른다.

378 ☐☐
outside
[àutsáid]

부사 밖에(서)

Let's play **outside**!
밖에서 놀자!

Word Skill

● **Match to their opposites.**

1

love

2

outside

3

dry

a

inside

b

hate

c

wet

Answers 1b 2a 3c

Daily Test

정답 p.140

A Listen and circle.

1. cross / come

2. inside / outside

3. funny / love

4. wet / pet

B Circle and write.

1. s i n s i d e r
   _____

2. b e t o d a y s
   _____

3. c t h i r d k s
   _____

4. t n p e t q a n
   _____

C Choose and complete.

| outside   street   love   coming |

1. There are cars in the _____ 거리에 차들이 있다.

2. Who is _____ first? 누가 제일 먼저 들어오고 있나요?

3. Let's play _____! 밖에서 놀자!

4. I _____ my puppy. 나는 내 강아지를 사랑한다.

DAY 27 / 121

DAY 28

학습일 1차 월 일 | 2차 월 일

대문이 열려 있어요.

379
gate
[geit]

명사 대문

The house has a **gate**.
그 집은 대문이 있다.

380
open
[óupən]

동사 열다 반의어 close 닫다 형용사 열린

Open the door, please.
문 좀 열어주세요.

머그잔과 병이 있어요.

381
mug
[mʌg]

명사 머그잔

There is some coffee in the **mug**.
그 머그잔에는 약간의 커피가 있다.

382
jar
[dʒɑːr]

명사 (잼 등을 담는) 병, 단지

What is in the glass **jar**?
그 유리 단지 안에는 무엇이 있나요?

새끼 고양이는 귀여워요.

383
kitten
[kítn]

명사 새끼 고양이

I have a **kitten**.
나는 새끼 고양이가 있다.

384
cute
[kjuːt]

형용사 귀여운

The animal looks **cute**.
그 동물은 귀여워 보인다.

What do you use when drinking coffee? 커피를 마실 때 사용하는 것은?   답: mug

STEP 1	STEP 2	STEP 3
영단어와 예문 듣기	영단어와 예문 듣고 따라 읽기 따라 읽은 후, 단어를 보고 스스로 읽어보세요.	동영상으로 실력 다지기 영상을 보며 단어와 예문을 다시 한번 익히세요.

상자에 리본이 달려있어요.

385
box
[baks]

명사 상자, 박스
The **box** is small.
그 상자는 작다.

386
ribbon
[ríbən]

명사 리본
The gift has a **ribbon**.
그 선물에는 리본이 있다.

거울을 봐요.

387
mirror
[mírər]

명사 거울
There is a square **mirror**.
사각형 거울이 있다.

388
look
[luk]

동사 보다
Look at that boy!
저 소년을 봐!

호텔에서 묵어요.

389
hotel
[houtél]

명사 호텔
We arrived at a **hotel**.
우리는 호텔에 도착했다.

390
stay
[stei]

동사 1 묵다[숙박하다] 2 머무르다
Where will you **stay**?
당신은 어디에 묵을 건가요?

💬 **Where do you stay when you travel?** 여행 가면 묵는 곳은?   답: hotel

DAY 28 / 123

here은 '여기에'라는 뜻으로, 말하는 사람으로부터 가까이에 있는 것, there은 '거기에' 라는 뜻으로, 말하는 사람으로부터 먼 곳에 있는 것을 가리킬 때 사용해요.

391 ☐☐
here
[hiər]

부사 여기에
We live **here**.
우리는 여기에 산다.

392 ☐☐
there
[ðɛər]

부사 거기에
Let's go **there**.
거기에 가자.

Word Skill

- **Complete the phrase. Write the correct words.**

> jar   gate   box

open a ...

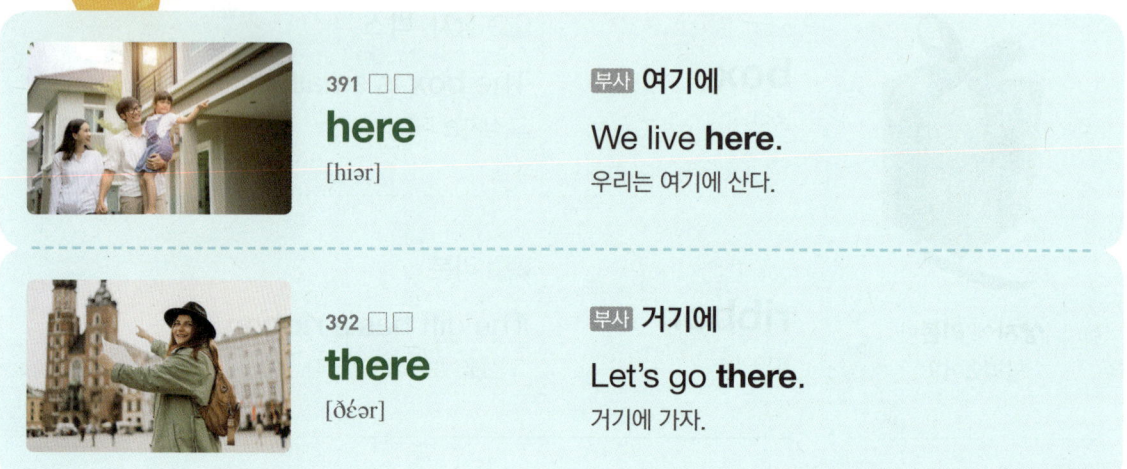

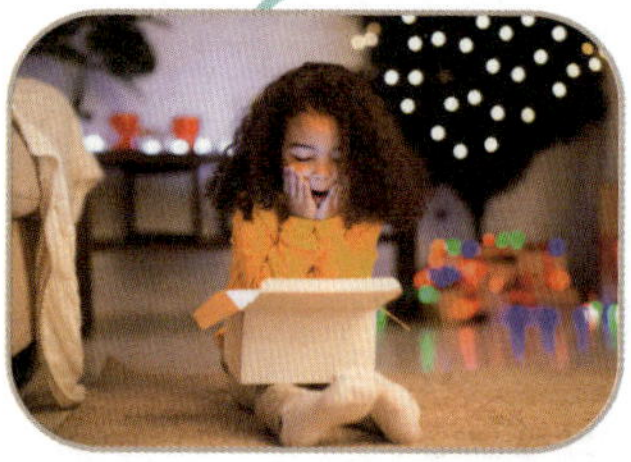

1 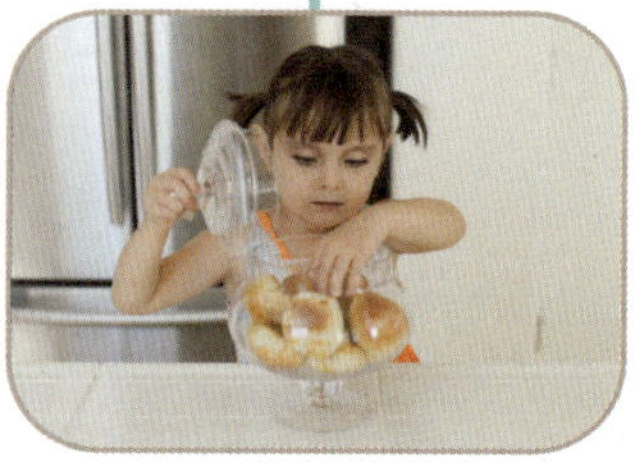   2 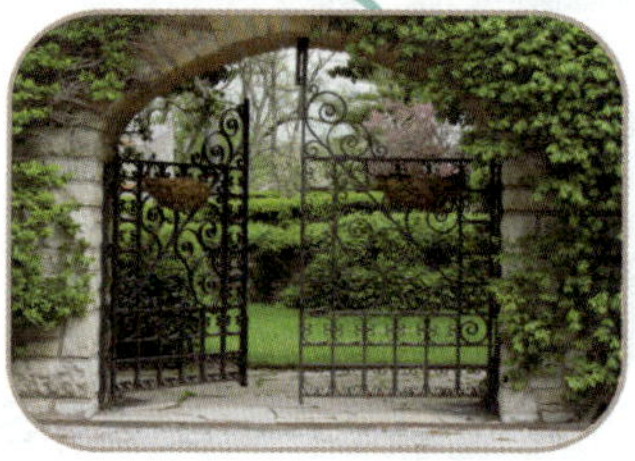   3

Answers 1 box 2 jar 3 gate

Daily Test

정답 p.140

A Look, choose, and write.   g b e k

1 __itten

2 rib__on

3 h__re

4 __ate

B Listen and circle. Then write.

w	f	m	b	t	t
u	t	i	h	h	y
j	a	r	o	e	b
p	b	r	d	r	p
y	h	o	t	e	l
d	w	r	h	j	i

1 _____

2 _____

3 _____

4 _____

C Choose and complete.

> cute   Open   stay   there

1 _____ the door, please. 문 좀 **열어주세요**.

2 Where will you _____? 당신은 어디에 **묵을** 건가요?

3 The animal looks _____. 그 동물은 **귀여워** 보인다.

4 Let's go _____. **거기에** 가자.

DAY 28 / 125

DAY 29

학습일 1차 월 일 2차 월 일

기차는 역에서 멈춰요.

393
station
[stéiʃən]

명사 역, 정거장

Where is the train **station**?
기차역은 어디에 있나요?

394
stop
[stap]

동사 멈추다 명사 멈춤, 중단

The train **stops** here.
그 기차는 여기에서 멈춘다.

야구 공을 방망이로 쳐요.

395
bat
[bæt]

명사 1 배트, 방망이 2 박쥐

He has a baseball **bat**.
그는 야구 방망이를 가지고 있다.

396
hit
[hit]

동사 (과거형 hit) 치다[때리다]

I **hit** the ball.
나는 그 공을 쳤다.

물건을 팔아요.

397
thing
[θiŋ]

명사 (유형의) 것, 물건

There are many **things** in the store.
그 가게에는 많은 물건들이 있다.

398
sell
[sel]

동사 (과거형 sold) 팔다 반의어 buy 사다

Do you **sell** cookies here?
당신은 여기서 쿠키를 파나요?

What do you use to hit a baseball? 야구공을 칠 때 쓰는 것은?

답: bat

| STEP 1 영단어와 예문 듣기 | STEP 2 영단어와 예문 듣고 따라 읽기 따라 읽은 후, 단어를 보고 스스로 읽어보세요. | STEP 3 동영상으로 실력 다지기 영상을 보며 단어와 예문을 다시 한번 익히세요. |

슬플 때
울어요.

399 ☐☐
sad
[sæd]

형용사 **슬픈**   반의어 happy 행복한
He looks **sad**.
그는 슬퍼 보인다.

400 ☐☐
cry
[krai]

동사 **울다**
The boy is **crying**.
그 소년은 울고 있다.

책상에
책을 올려 놓아요.

401 ☐☐
desk
[desk]

명사 **책상**
This is my **desk**.
이것은 나의 책상이다.

402 ☐☐
put
[put]

동사 (과거형 put) **놓다**
Put your books here.
너의 책들을 여기 놓아라.

대걸레로
청소를 해요.

403 ☐☐
mop
[map]

명사 **대걸레**
bring a **mop**
대걸레를 가져오다

404 ☐☐
clean
[kli:n]

동사 **청소하다**
형용사 **깨끗한**   반의어 dirty 더러운
I **clean** my bedroom.
나는 내 침실을 청소한다.

 What do you use to clean the floor? 바닥을 청소할 때 사용하는 것은?   답: mop

DAY 29 / 127

around는 특정한 하나의 대상이 아닌 그 주변이나 둘레를 나타내고, for은 뚜렷한 목적을 가지고 특정한 대상을 향하는 것을 의미해요.

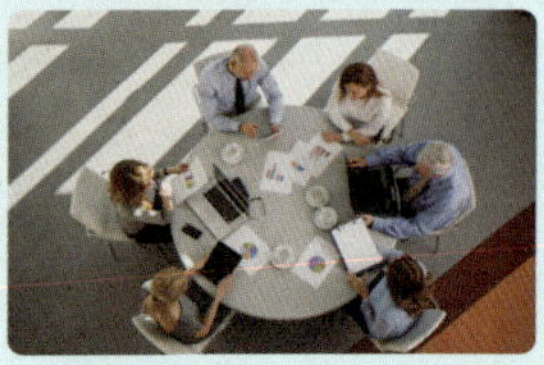

405 ☐☐
around
[əráund]

전치사 ~ 주위에
They are sitting **around** the table.
그들은 탁자 주위에 앉아 있다.

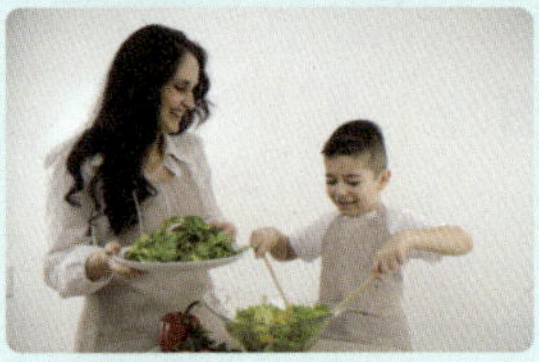

406 ☐☐
for
[fər]

전치사 ~을 위해
I cook **for** my mother.
나는 엄마를 위해 요리한다.

Word Skill

• **Complete the phrase. Write the correct words.**

cleaning   hitting   crying

stop ...

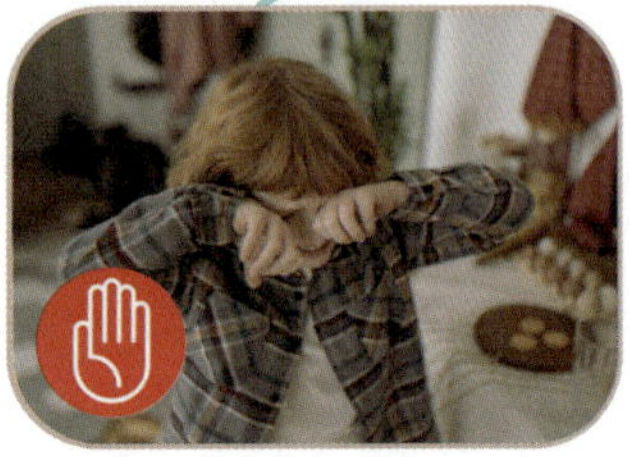

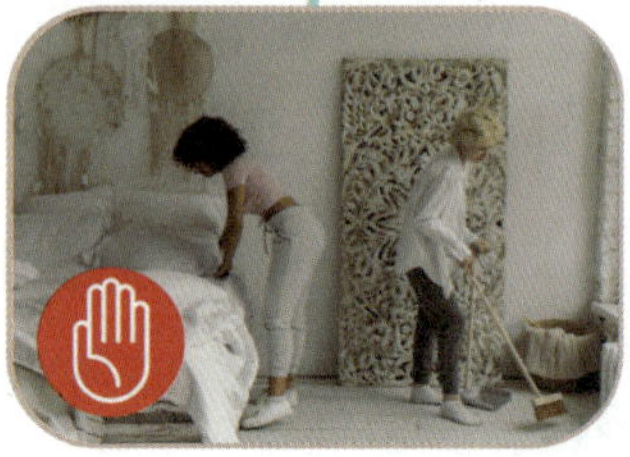

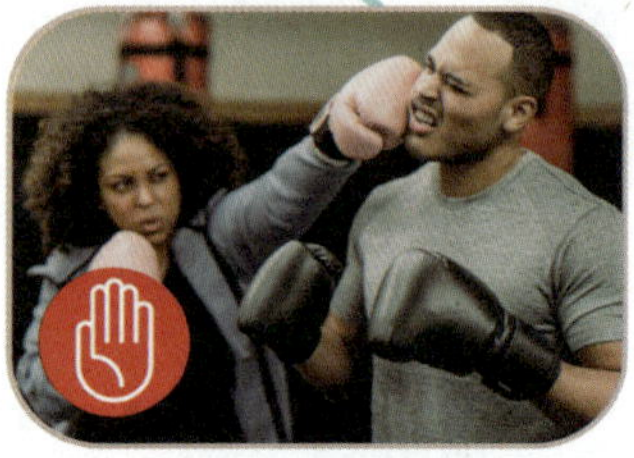

1. 2. 3.

Answers 1 crying 2 cleaning 3 hitting

Daily Test

정답 p.140

A Listen and circle.

1 clean

a

b

2 around

a

b

3 sad

a
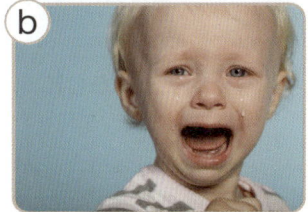
b

B Unscramble and write.

1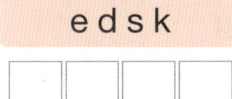
e d s k
☐☐☐☐

2
t h i
☐☐☐

3
t o s p
☐☐☐☐

C Choose and complete.

| crying   station   Put   things |

1 _____ your books here. 너의 책들을 여기 놓아라.

2 The boy is _____. 그 소년은 울고 있다.

3 Where is the train _____? 기차역은 어디에 있나요?

4 There are many _____ in the store. 그 가게에는 많은 물건들이 있다.

DAY 29 / 129

DAY 30 Body & Face

학습일 1차 월 일   2차 월 일

407~420

- **head** 머리
- **neck** 목
- **shoulder** 어깨
- **arm** 팔
- **foot** 발
- **finger** 손가락
- **hand** 손
- **leg** 다리
- **toe** 발가락

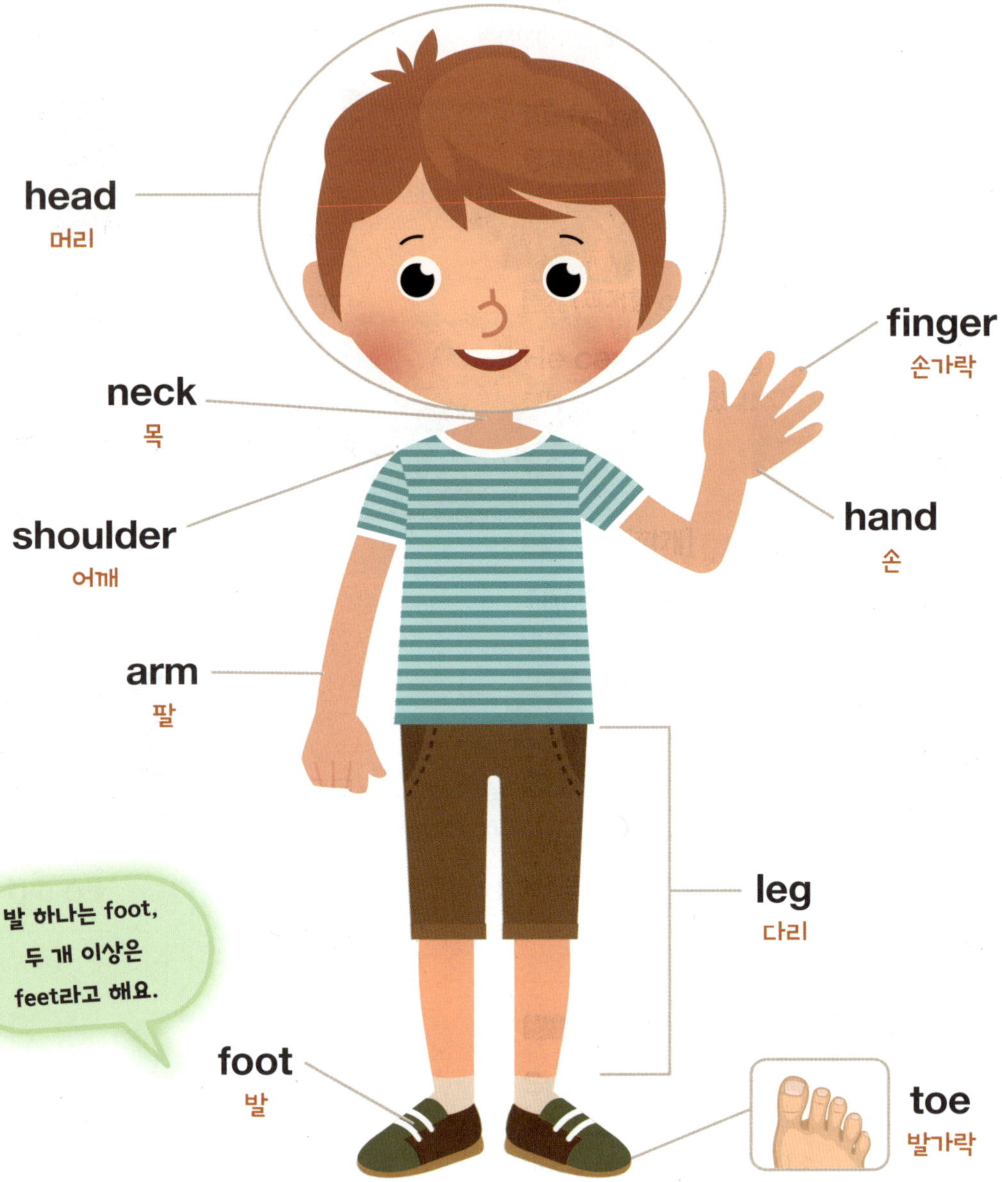

발 하나는 foot, 두 개 이상은 feet라고 해요.

Today's Phonics

er
er은 우리말 '얼'에 가까운 소리가 나요.

should**er**

fing**er**

STEP 1 영단어와 예문 듣기
STEP 2 영단어와 예문 듣고 따라 읽기
따라 읽은 후, 단어를 보고 스스로 읽어보세요.
STEP 3 동영상으로 실력 다지기
영상을 보며 단어와 예문을 다시 한번 익히세요.

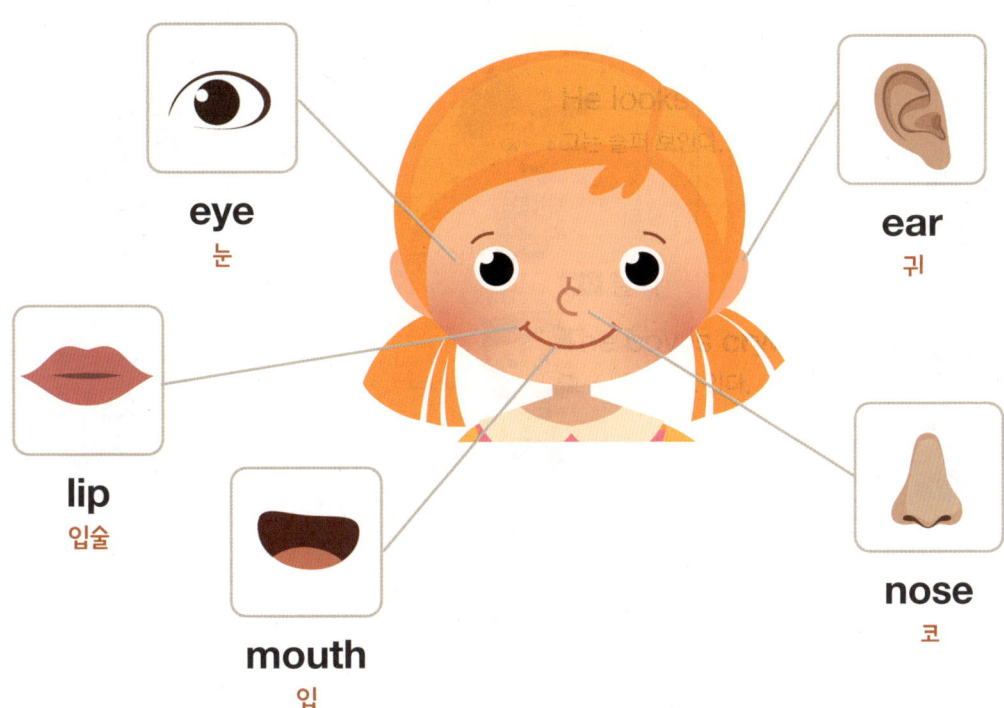

eye 눈
ear 귀
lip 입술
mouth 입
nose 코

우리가 듣고, 보고, 맛볼 때 쓰는 신체 부위는 각각 어디일까요?

1. _____ 2. _____ 3. _____

Answers 1 ears 2 eyes 3 mouth

Today's Sentences

신체 부위 말하기

I have one **mouth**. 나는 입이 하나 있다.
We have two **eyes**. 우리는 눈이 두 개 있다.

Daily Test

A Check the correct pictures. ✓

1 toe	2 arm	3 shoulder

a	a	a

b	b	b

➦ These words are about (a face / **a body**).

B Listen and match. ▶

1 •   2 •   3 •   4 •

  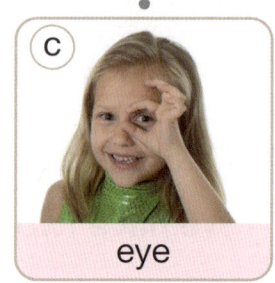 

| a ear | b lip | c eye | d nose |

132

C Look, choose, and write.

1

I have five _____.

eyes / noses

I have four _____.

hands / mouths

2

I have three _____.

legs / arms

I have two _____.

fingers / heads

● Now, read and draw.

I have one eye.
I have four ears.
I have three feet.

Review DAY 21~30

A Find the words in the box and write.

| mirror | hard | sell | funny | small |
| storm | open | clean | plant | stop |

01 작은 ___ ___ ___
02 폭풍 ___ ___ ___ ___ ___
03 청소하다; 깨끗한 ___ ___ ___ ___ ___
04 식물; (나무 등을) 심다 ___ ___ ___ ___ ___
05 열다; 열린 ___ ___ ___ ___
06 멈추다; 멈춤, 중단 ___ ___ ___ ___
07 단단한; 어려운 ___ ___ ___ ___
08 거울 ___ ___ ___ ___ ___ ___
09 우스운, 웃기는 ___ ___ ___ ___ ___
10 팔다 ___ ___ ___ ___

B Look at the letters in pink above. Then answer the question.

What has a ring, but no finger?

___ ___ ___ ___ ___ ___ ___ ___

C Look at the words below. Write each word in the correct box.

> yesterday   kitten   catch   bank
> bat   hotel   tomorrow   hit

1 Words That Name Animals

2 Words That Tell a Point in Time

3 Words That Name Places

4 Words That Show Action

Answer Key

Sight Word   p. 9

B

an	and	I	the	be	it	an
I	an	a	be	it	I	the
it	be	a	the	I	an	a
an	a	the	it	be	I	and

(highlighted: an, I, an, I, the, I, an, an, I)

C 1. and, ⓒ   2. be, ⓓ
     3. the, ⓑ   4. it, ⓐ

DAY 01

Daily Test   p. 13

A 1. o   2. a   3. u   4. k

B

c	r	o	w	n	d
a	t	q	r	u	s
k	u	o	t	m	w
e	g	f	s	b	x
m	a	r	k	e	t
p	j	h	i	r	z

1. market
2. crown
3. cake
4. number

C 1. birthday   2. count
     3. snowing   4. school

DAY 02

Daily Test   p. 17

A 1. farm   2. to
     3. grape   4. rainy

B 1. fan   2. from
     3. cut   4. jam

C 1. Carrots   2. umbrella
     3. potatoes   4. hot

DAY 03

Daily Test   p. 21

A 1. h   2. y   3. c   4. i

B

b	e	e	f	c	h
e	p	w	r	u	b
a	r	m	u	s	t
c	w	f	i	j	a
h	z	a	t	r	n
k	j	o	k	q	y

1. fruit
2. must
3. beach
4. beef

C 1. vegetable   2. lose
     3. must   4. night

DAY 04

Daily Test   p. 25

A 1. study   2. about
     3. call   4. room

B 1. bake   2. with
     3. wall   4. hang

C 1. exam   2. stone
     3. telephone 4. picture

DAY 05

Daily Test   pp. 28~29

A 1. family   2. father
     3. sister   4. mother

B 1. c   2. a   3. d   4. b

C a. grandfather   b. grandmother
     c. father   d. mother
     e. sister   f. brother

   1. Andy, He   2. He, grandfather
   3. Susan, She   4. She, sister
   5. Mary, She   6. He, father

DAY 06

Daily Test   p. 33

A 1. w   2. e   3. a   4. v

B

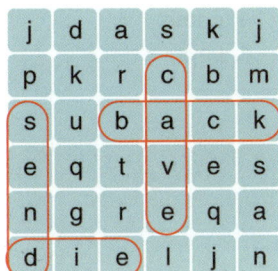

1. back
2. send
3. die
4. cave

C 1. died   2. dark
   3. letter   4. front

DAY 07

Daily Test p. 37

A 1. low   2. medal
   3. need   4. climb
B 1. tree   2. wing
   3. shop   4. want
C 1. mountain 2. gold
   3. spent   4. fly

DAY 08

Daily Test p. 41

A 1. a   2. b   3. b
B 1. down 2. hero   3. time
C 1. late   2. hair
   3. sat   4. forest

DAY 09

Daily Test p. 45

A 1. h   2. v   3. o   4. i
B

p	w	a	t	c	h
k	a	j	u	n	b
c	t	l	b	f	j
n	e	a	r	a	u
h	r	w	f	p	g
a	z	e	g	c	w

1. water
2. watch
3. near
4. tub

C 1. television   2. drink
   3. use   4. bath

DAY 10

Daily Test pp. 48~49

A 1. a   2. a   3. b ↪ colors
B 1. b   2. a   3. d   4. c
C

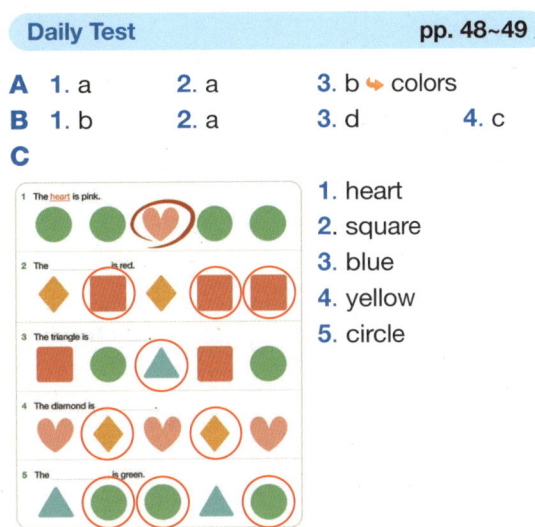

1. heart
2. square
3. blue
4. yellow
5. circle

Review DAY 01~10 pp. 50~51

A 01 bath   02 orange   03 student
   04 mother 05 bake   06 dark
   07 spend   08 live   09 clock
   10 about
B an umbrella
C 1. cool, rainy
   2. beef, vegetable
   3. student, exam
   4. purple, gray

DAY 11

Daily Test p. 55

A 1. o   2. n   3. w   4. f
B

p	r	s	l	f	w
a	f	t	e	r	j
r	w	a	k	i	p
t	e	r	n	e	f
y	p	t	f	n	k
b	t	e	g	d	w

1. party
2. after
3. start
4. friend

C 1. fun   2. sweet
   3. play   4. house

Answer Key / 137

DAY 12

Daily Test p. 59

A 1. a 2. b 3. b
B 1. shower 2. fill 3. week
C 1. bathroom 2. weekend
   3. winter 4. next

DAY 13

Daily Test p. 63

A 1. smell 2. more
   3. dance 4. dinner
B 1. land 2. best
   3. pull 4. roll
C 1. roses 2. o'clock
   3. music 4. wheels

DAY 14

Daily Test p. 67

A 1. u 2. p 3. s 4. r
B

j	y	e	t	f	s
g	h	n	k	e	h
k	n	o	w	j	o
s	w	i	n	m	r
d	e	s	e	r	t
f	a	y	w	d	u

1. desert
2. noisy
3. short
4. know

C 1. tails 2. have
   3. answer 4. ate

DAY 15

Daily Test pp. 70~71

A

1. frog   2. mouse

B 1. ⓒ, cow 2. ⓐ, pig 3. ⓑ, dog
C 1. a 2. b

D 1. rabbit 2. donkey
   3. bird 4. camel
   5. cat 6. lamb
    animal

DAY 16

Daily Test p. 75

A 1. r 2. y 3. a 4. e
B

w	l	q	n	u	f
l	t	h	i	n	k
p	w	e	j	c	y
c	s	l	b	l	a
h	d	l	c	e	m
f	l	o	w	e	r

1. uncle
2. think
3. hello
4. flower

C 1. apple 2. sun
   3. aunt 4. idea

DAY 17

Daily Test p. 79

A 1. b 2. b 3. a
B 1. swim 2. log 3. ghost
C 1. scary 2. bad
   3. little 4. pool

DAY 18

Daily Test p. 83

A 1. knock 2. voice
   3. that 4. work
B 1. give 2. boot
   3. ring 4. this
C 1. necklace 2. gift
   3. talk 4. buy

138

DAY 19

Daily Test p. 87

A 1. e 2. t 3. o 4. w

B

k	o	j	p	b	w
s	e	c	r	e	t
p	r	f	k	d	h
o	g	w	n	e	w
r	l	q	u	h	l
t	h	a	n	k	d

1. bed
2. thank
3. sport
4. secret

C 1. bedroom 2. noon
3. plates 4. exercise

DAY 20

Daily Test pp. 90~91

A 1. soup 2. rice
3. toast 4. bacon

B 1. b 2. c 3. d 4. a

C 1. I like steak.
2. He doesn't like noodles.
3. They like hotdogs.
4. I don't like cereal.
5. They don't like hamburgers.
6. He likes pasta.

Review DAY 11~20 pp. 92~93

A 01 glass 02 have 03 new
04 ring 05 exercise 06 think
07 garden 08 best 09 pull
10 secret

B a vegetable

C 1. bakery, restaurant
2. morning, afternoon
3. uncle, aunt
4. happy, bad

DAY 21

Daily Test p. 97

A 1. y 2. i 3. k 4. l

B

a	b	m	a	s	k
k	e	j	y	a	l
s	t	o	r	m	f
y	h	u	f	e	h
p	e	t	t	b	o
j	f	h	d	i	s

1. storm
2. out
3. mask
4. same

C 1. same 2. clothes
3. wearing 4. kitchen

DAY 22

Daily Test p. 101

A 1. grow 2. sentence
3. cold 4. practice

B 1. word 2. bank
3. cook 4. race

C 1. going 2. hungry
3. busy 4. plant

DAY 23

Daily Test p. 105

A 1. b 2. b 3. a
B 1. milk 2. home 3. map
C 1. way 2. question
3. on 4. diary

DAY 24

Daily Test p. 109

A 1. c 2. a 3. t 4. u

B

j	p	h	n	t	e
r	a	k	i	r	a
b	c	l	a	s	s
s	t	f	q	o	y
r	o	c	k	h	n
d	r	h	c	p	u

1. rock
2. easy
3. class
4. actor

C 1. history 2. favorite
   3. begins   4. small

DAY 25

Daily Test	pp. 112-113

A 1. b   2. a   3. b ↦ toys
B 1. c   2. d   3. a   4. b
C 1. yo-yo   2. toy car
   3. teddy bear   4. cube
   5. balloon   6. robot

DAY 26

Daily Test	p. 117

A 1. b   2. a   3. b
B 1. draw   2. nice   3. fish
C 1. Spring   2. radio
   3. mat   4. will

DAY 27

Daily Test	p. 121

A 1. cross   2. outside
   3. funny   4. wet
B 1. inside   2. today
   3. third   4. pet
C 1. street   2. coming
   3. outside 4. love

DAY 28

Daily Test	p. 125

A 1. k   2. b   3. e   4. g
B

1. there
2. jar
3. mirror
4. hotel

C 1. Open   2. stay
   3. cute   4. there

DAY 29

Daily Test	p. 129

A 1. a   2. b   3. b
B 1. desk   2. hit   3. stop
C 1. Put   2. crying
   3. station   4. things

DAY 30

Daily Test	pp. 132~133

A 1. a   2. a   3. b ↦ a body
B 1. d   2. b   3. c   4. a
C 1. eyes, mouths
   2. legs, heads

Review DAY 21~30	pp. 134~135

A 01 small   02 storm   03 clean
   04 plant   05 open   06 stop
   07 hard   08 mirror 09 funny
   10 sell
B a telephone
C 1. kitten, bat
   2. yesterday, tomorrow
   3. bank, hotel
   4. catch, hit

Index

A

about	024
actor	106
after	054
afternoon	085
answer	064
apple	073
arm	130
around	128
arrive	102
art	077
ask	102
aunt	073

B

baby	076
back	031
bacon	089
bad	078
bag	095
bake	022
bakery	056
balloon	111
banana	073
bank	098
bat	126
bath	043
bathroom	057
beach	018
beautiful	066
bed	084
bedroom	084
beef	018
before	054
begin	106
best	062
big	084
bird	068
birthday	011
black	046
block	110
blue	046
boot	080
bowl	084
box	123
bread	056
breakfast	031
bring	031
brother	026
brown	046
brush	102
busy	099
buy	080
bye	074

C

cake	011
call	022
camel	069
can	020
candy	052
cap	094
card	110
carrot	014
cartoon	119
cat	068
catch	114
cave	030
cereal	089
chicken	089
circle	047
city	084
class	106
clay	111
clean	127
climb	034
clock	039
clothes	095
cloud	094
cold	098
come	119
computer	043
cook	099
cookie	103
cool	030
count	011
cow	068
cross	119
crown	010
cry	127
cube	111
cup	057
cut	014
cute	122

D

dam	042
dance	060
dark	030
day	115
desert	065
desk	127
diamond	047
diary	103
die	032
difficult	108
dinner	060
dog	068
doll	110
donkey	069
door	081
down	040
draw	115
drink	043

Index / 141

dry	095					horse	068
						hot	015
E						hotdog	088
ear	131		**G**			hotel	123
easy	108		garden	072		house	053
eat	065		gate	122		hungry	099
end	053		ghost	077		hurry	039
enter	023		gift	080			
exam	023		give	080		**I**	
exercise	085		glass	057		ice	098
eye	131		go	098		idea	072
			goat	069		iguana	069
F			gold	035		in	096
fall	030		good	078		inside	120
family	026		grandfather	026		into	044
fan	015		grandmother	026			
farm	014		grandparents	026		**J**	
fast	098		grape	015		jam	014
father	026		grass	034		jar	122
favorite	106		gray	038		job	080
fill	057		green	046		jump rope	110
finger	130		grow	099			
fish	114					**K**	
flower	072		**H**			key	019
fly	035		hair	038		kitchen	095
foot	130		hamburger	088		kite	110
for	128		hand	130		kitten	122
forest	039		handsome	066		knock	081
fork	052		hang	022		know	064
friend	052		happy	076			
frog	068		hard	107		**L**	
from	016		have	064		ladder	034
front	031		he	027		lamb	068
fruit	019		head	130		land	061
fry	073		heart	047		late	039
fun	053		hello	074		leaf	077
funny	119		here	124		left	107
			hero	038		leg	130
			history	106			
			hit	126			
			home	102			

letter	030
like	077
line	115
lip	131
listen	115
little	076
live	032
log	077
look	123
lose	019
love	118
low	035
lunch	010

M

make	010
mall	012
map	103
market	012
mask	094
mat	114
meat	018
medal	035
milk	103
mirror	123
mop	127
more	062
morning	072
mother	026
mountain	035
mouse	069
mouth	131
mug	122
music	060
must	020

N

near	044
neck	130
necklace	081
need	036
new	053
next	058
nice	115
night	019
noisy	065
noodle	088
noon	085
nose	131
now	058
number	011

O

o'clock	060
on	104
open	122
orange	046
out	096
outside	120

P

pan	073
parents	026
party	053
pasta	088
pet	118
picnic	039
picture	022
pie	022
pig	068
pink	046
pizza	088
plant	099
plate	084
play	052
please	086
pocket	107
pool	076
pork	052
potato	014
practice	099
pull	061
puppy	064
purple	015
put	127
puzzle	111

Q

queen	010
question	102

R

rabbit	068
race	098
radio	115
rain	018
rainbow	018
rainy	015
red	046
restaurant	065
ribbon	123
rice	089
ring	081
river	042
robot	110
rock	107
roll	060
room	023
rope	061
rose	061

S

sad	127
salad	088

Index / 143

same	094		station	126		tomorrow	116
sand	065		stay	123		tooth	102
sandwich	088		steak	088		towel	118
save	038		stone	023		toy car	110
scary	077		stop	126		tree	034
school	011		storm	094		triangle	047
sea	042		strawberry	014		trip	018
secret	085		street	119		tub	043
sell	126		student	011		turn	107
send	030		study	023			
sentence	100		sun	072		**U**	
she	027		sweet	052		umbrella	015
shell	042		swim	076		uncle	073
shop	034					under	104
short	064		**T**			up	040
shoulder	130		table	095		use	043
shower	057		tail	064			
sister	026		take	095		**V**	
sit	038		talk	081		vegetable	019
skate	111		tea	057		voice	081
sky	061		teach	106			
sleep	019		teddy bear	110		**W**	
small	107		telephone	022		wall	023
smell	061		television	042		want	036
smile	076		tell	085		warm	114
snow	010		thank	086		wash	031
snowman	010		that	082		watch	042
snowy	056		there	124		water	043
soap	031		they	027		way	103
soft	114		thing	126		we	027
sound	065		think	072		wear	094
soup	088		third	119		week	056
spend	034		this	082		weekend	056
sport	085		time	039		wet	118
spring	114		to	016		wheel	060
square	047		toast	089		white	046
stand	038		today	118		will	116
start	053		toe	130		wing	035

winter	056
with	024
word	100
work	080
write	103

yellow	046
yesterday	118
you	027
yo-yo	110

MEMO

MEMO

MEMO

Vocabulary LiVE
with video

WORKBOOK

1
Basic

leap&learn

누적 테스트 02일차

score / 30

01 snowman _____
02 lunch _____
03 make _____
04 crown _____
05 birthday _____
06 student _____
07 count _____
08 mall _____
09 potato _____
10 carrot _____
11 cut _____
12 hot _____
13 fan _____
14 from _____
15 to _____

16 눈이 오다; 눈 s_____
17 여왕; 왕비 q_____
18 생일 b_____
19 케이크 c_____
20 학교 s_____
21 수, 숫자 n_____
22 쇼핑몰 m_____
23 시장 m_____
24 농장 f_____
25 딸기 s_____
26 잼 j_____
27 비가 오는 r_____
28 우산 u_____
29 포도 g_____
30 보라색의; 보라색 p_____

누적 테스트 03일차

01	snow	16	점심 식사 l
02	cake	17	왕관 c
03	number	18	학생 s
04	market	19	(수를) 세다 c
05	potato	20	당근 c
06	farm	21	자르다 c
07	jam	22	더운, 뜨거운 h
08	purple	23	선풍기; (영화·스포츠 등의) 팬 f
09	rain	24	해변, 바닷가 b
10	beef	25	여행 t
11	lose	26	무지개 r
12	sleep	27	고기, 육류 m
13	fruit	28	열쇠 k
14	can	29	밤 n
15	must	30	채소 v

누적 테스트 04일차   월   일 | score / 30

01 birthday _____
02 school _____
03 count _____
04 grape _____
05 meat _____
06 key _____
07 night _____
08 vegetable _____
09 pie _____
10 call _____
11 picture _____
12 enter _____
13 wall _____
14 about _____
15 with _____

16 만들다   m _____
17 수, 숫자   n _____
18 비가 오는   r _____
19 잃어버리다; 지다   l _____
20 (잠을) 자다; 잠   s _____
21 과일   f _____
22 ~할 수 있다; 깡통   c _____
23 ~해야 하다   m _____
24 (음식을) 굽다   b _____
25 전화; 전화기   t _____
26 걷다   h _____
27 방, -실   r _____
28 시험   e _____
29 공부하다   s _____
30 돌, 돌멩이   s _____

누적 테스트 05일차

01	hot		16	만들다	m
02	trip		17	딸기	s
03	bake		18	해변, 바닷가	b
04	hang		19	소[쇠]고기	b
05	room		20	그림; 사진	p
06	exam		21	들어가다	e
07	study		22	벽; 담	w
08	stone		23	~와 함께	w
09	family		24	할아버지	g
10	grandmother		25	조부모	g
11	father		26	어머니	m
12	parents		27	누나, 언니, 여동생	s
13	brother		28	그	h
14	we		29	그녀	s
15	they		30	너(희), 당신(들)	y

누적 테스트 06일차

01	crown		16	자르다	c
02	carrot		17	우산	u
03	rainbow		18	비가 오다; 비	r
04	picture		19	파이	p
05	study		20	돌, 돌멩이	s
06	grandfather		21	아버지	f
07	she		22	부모	p
08	you		23	형, 오빠, 남동생	b
09	send		24	편지; 글자	l
10	fall		25	시원한, 서늘한	c
11	dark		26	동굴	c
12	bring		27	아침 식사	b
13	soap		28	씻다	w
14	back		29	앞쪽; 앞쪽의	f
15	live		30	죽다	d

누적 테스트 07일차

01 meat _____
02 exam _____
03 about _____
04 cool _____
05 breakfast _____
06 wash _____
07 front _____
08 die _____
09 shop _____
10 spend _____
11 climb _____
12 low _____
13 gold _____
14 fly _____
15 need _____

16 전화하다; 부르다 c_____
17 가족 f_____
18 누나, 언니, 여동생 s_____
19 가을; 떨어지다 f_____
20 가져오다 b_____
21 비누 s_____
22 뒤쪽; 뒤쪽의 b_____
23 거주하다; 살다 l_____
24 나무 t_____
25 풀 g_____
26 사다리 l_____
27 산 m_____
28 메달, 훈장 m_____
29 날개 w_____
30 원하다 w_____

누적 테스트 08일차

01	telephone	_____	16	(음식을) 굽다	b_____
02	with	_____	17	방, –실	r_____
03	dark	_____	18	가져오다	b_____
04	tree	_____	19	가게, 상점; 쇼핑하다	s_____
05	mountain	_____	20	오르다	c_____
06	medal	_____	21	금; 금색의	g_____
07	wing	_____	22	날다; 파리	f_____
08	want	_____	23	필요하다	n_____
09	hero	_____	24	구하다	s_____
10	stand	_____	25	앉다	s_____
11	gray	_____	26	시간	t_____
12	hair	_____	27	서두르다	h_____
13	clock	_____	28	숲	f_____
14	late	_____	29	소풍	p_____
15	up	_____	30	아래로	d_____

누적 테스트 09일차

#	영어	한국어	#	한국어	영어
01	send		16	들어가다	e
02	wash		17	누나, 언니, 여동생	s
03	live		18	편지; 글자	l
04	grass		19	오르다	c
05	save		20	영웅	h
06	stand		21	머리(카락); 털	h
07	picnic		22	늦은; 늦게	l
08	down		23	위로	u
09	dam		24	강	r
10	watch		25	텔레비전	t
11	shell		26	바다	s
12	computer		27	쓰다, 사용하다	u
13	drink		28	욕조	t
14	into		29	목욕	b
15	near		30	물	w

누적 테스트 10일차

01	time		16 학교	s
02	forest		17 사다리	l
03	river		18 낮은; 낮게	l
04	sea		19 앉다	s
05	use		20 댐	d
06	tub		21 보다; 손목시계	w
07	bath		22 컴퓨터	c
08	water		23 마시다; 음료	d
09	pink		24 빨간색(의)	r
10	orange		25 노란색(의)	y
11	green		26 파란색(의)	b
12	black		27 갈색(의)	b
13	circle		28 흰색(의)	w
14	triangle		29 정사각형	s
15	heart		30 다이아몬드	d

누적 테스트 11일차

#	English	Korean	#	Korean	English
01	fan		16	쇼핑몰	m
02	vegetable		17	농장	f
03	call		18	여행	t
04	ladder		19	전화; 전화기	t
05	red		20	벽; 담	w
06	triangle		21	메달, 훈장	m
07	square		22	초록색(의)	g
08	diamond		23	하트	h
09	fork		24	친구	f
10	pork		25	사탕, 캔디	c
11	play		26	새로운	n
12	sweet		27	집	h
13	end		28	시작하다[되다]	s
14	before		29	파티	p
15	after		30	재미, 즐거움; 재미있는	f

누적 테스트 12일차

| 월 일 | score / 30 |

01 mountain _____
02 clock _____
03 use _____
04 friend _____
05 new _____
06 start _____
07 party _____
08 fun _____
09 bakery _____
10 winter _____
11 week _____
12 tea _____
13 glass _____
14 fill _____
15 shower _____

16 영웅 h_____
17 구하다 s_____
18 보다; 손목시계 w_____
19 텔레비전 t_____
20 포크 f_____
21 돼지고기 p_____
22 단, 달콤한 s_____
23 끝나다 e_____
24 빵 b_____
25 눈이 오는 s_____
26 주말 w_____
27 컵, (찻)잔 c_____
28 화장실, 욕실 b_____
29 지금, 이제 n_____
30 다음의 n_____

누적 테스트 13일차　　　월　　일　　score　　/ 30

01 hurry _____
02 dam _____
03 drink _____
04 bread _____
05 snowy _____
06 weekend _____
07 cup _____
08 bathroom _____
09 wheel _____
10 o'clock _____
11 dinner _____
12 dance _____
13 sky _____
14 smell _____
15 more _____

16 영웅　h_____
17 바다　s_____
18 빵집; 제과점　b_____
19 겨울　w_____
20 주; 일주일　w_____
21 유리; 유리잔[컵]　g_____
22 (가득) 채우다　f_____
23 샤워　s_____
24 굴러가다; 굴리다　r_____
25 음악　m_____
26 밧줄, 로프　r_____
27 당기다, 끌다　p_____
28 땅, 육지　l_____
29 장미　r_____
30 최고의, 가장 좋은　b_____

누적 테스트 14일차

#	영어	우리말
01	hang	
02	send	
03	cave	
04	wing	
05	music	
06	pull	
07	land	
08	rose	
09	puppy	
10	have	
11	know	
12	short	
13	restaurant	
14	eat	
15	sound	
16	공부하다	s
17	아침 식사	b
18	씻다	w
19	오르다	c
20	바퀴	w
21	저녁 식사	d
22	밧줄, 로프	r
23	하늘	s
24	답; 답하다	a
25	꼬리	t
26	시끄러운	n
27	사막	d
28	모래	s
29	잘생긴	h
30	아름다운	b

누적 테스트 15일차

01 o'clock _____
02 smell _____
03 best _____
04 answer _____
05 tail _____
06 noisy _____
07 sand _____
08 handsome _____
09 dog _____
10 frog _____
11 bird _____
12 cow _____
13 camel _____
14 goat _____
15 mouse _____

16 춤을 추다; 춤[댄스] d_____
17 강아지 p_____
18 알다 k_____
19 짧은; 키가 작은 s_____
20 식당, 레스토랑 r_____
21 먹다 e_____
22 사막 d_____
23 아름다운 b_____
24 고양이 c_____
25 어린[새끼] 양 l_____
26 말 h_____
27 돼지 p_____
28 토끼 r_____
29 이구아나 i_____
30 당나귀 d_____

누적 테스트 16일차

월   일 | score   / 30

01 send
02 bring
03 grass
04 ladder
05 shell
06 into
07 heart
08 end
09 garden
10 morning
11 sun
12 think
13 aunt
14 pan
15 fry

16 해변, 바닷가   b
17 전화; 전화기   t
18 산   m
19 메달, 훈장   m
20 날개   w
21 서다   s
22 (휴대용이 아닌) 시계   c
23 삼각형   t
24 꽃   f
25 생각, 아이디어   i
26 삼촌   u
27 사과   a
28 바나나   b
29 안녕   h
30 잘 가   b

누적 테스트 17일차

01 soap
02 front
03 spend
04 tub
05 sweet
06 fill
07 horse
08 donkey
09 little
10 smile
11 swim
12 ghost
13 like
14 leaf
15 bad

16 영웅 h
17 구하다 s
18 서두르다 h
19 소풍 p
20 강 r
21 쓰다, 사용하다 u
22 목욕 b
23 다이아몬드 d
24 아기 b
25 행복한 h
26 수영장 p
27 미술; 예술 a
28 무서운 s
29 통나무 l
30 좋은 g

누적 테스트 18일차

월　　　일　|　score　　/ 30

01 rainy _____
02 purple _____
03 trip _____
04 grandparents _____
05 letter _____
06 cave _____
07 noisy _____
08 iguana _____
09 job _____
10 boot _____
11 necklace _____
12 knock _____
13 talk _____
14 this _____
15 that _____

16 숲　　　　　　　f _____
17 보다; 손목시계　w _____
18 컴퓨터　　　　　c _____
19 마시다; 음료　　d _____
20 갈색(의)　　　　b _____
21 원, 원형　　　　c _____
22 정사각형　　　　s _____
23 샤워　　　　　　s _____
24 선물　　　　　　g _____
25 주다　　　　　　g _____
26 일하다; 일　　　w _____
27 사다　　　　　　b _____
28 반지; 울리다　　r _____
29 문　　　　　　　d _____
30 목소리　　　　　v _____

누적 테스트 19일차

01 meat
02 lose
03 must
04 beautiful
05 desert
06 lamb
07 fruit
08 happy
09 bed
10 plate
11 bowl
12 secret
13 tell
14 exercise
15 please

16 다음의 — n
17 음악 — m
18 장미 — r
19 고모, 이모 — a
20 식당, 레스토랑 — r
21 정원 — g
22 아침 — m
23 수영하다 — s
24 침실 — b
25 도시 — c
26 큰 — b
27 오후 — a
28 정오, 낮 12시 — n
29 스포츠, 운동 — s
30 고마워하다 — t

누적 테스트 20일차 | 월 일 | score / 30

01 pork _____
02 before _____
03 happy _____
04 ghost _____
05 pool _____
06 door _____
07 tail _____
08 baby _____
09 steak _____
10 soup _____
11 hotdog _____
12 sandwich _____
13 pasta _____
14 noodle _____
15 rice _____

16 눈이 오는   s _____
17 주말   w _____
18 바나나   b _____
19 생각, 아이디어   i _____
20 미소 짓다; 미소   s _____
21 두드리다   k _____
22 잘생긴   h _____
23 낙타   c _____
24 샐러드   s _____
25 햄버거   h _____
26 피자   p _____
27 베이컨   b _____
28 토스트   t _____
29 시리얼   c _____
30 닭고기   c _____

누적 테스트 21일차

01 fry
02 tell
03 roll
04 rope
05 more
06 buy
07 voice
08 bedroom
09 storm
10 wear
11 cap
12 clothes
13 take
14 in
15 out

16 저녁 식사 d
17 시끄러운 n
18 아름다운 b
19 개구리 f
20 직업, 일 j
21 핫도그 h
22 파스타 p
23 국수 n
24 구름 c
25 마스크, 가면 m
26 같은 s
27 부엌, 주방 k
28 탁자, 테이블 t
29 마른; 말리다 d
30 가방 b

누적 테스트 22일차

| | 월 일 | score / 30 |

01 wheel _____
02 pull _____
03 smell _____
04 puppy _____
05 know _____
06 this _____
07 camel _____
08 thank _____
09 race _____
10 fast _____
11 bank _____
12 plant _____
13 grow _____
14 practice _____
15 sentence _____

16 사막 d_____
17 이구아나 i_____
18 아침 m_____
19 생각하다 t_____
20 꽃 f_____
21 밥, 쌀 r_____
22 스테이크 s_____
23 목걸이 n_____
24 가다 g_____
25 얼음 i_____
26 추운, 찬[차가운] c_____
27 배고픈 h_____
28 요리하다; 요리사 c_____
29 바쁜 b_____
30 단어 w_____

누적 테스트 23일차

월   일   score   / 30

01 land _____
02 answer _____
03 sand _____
04 that _____
05 give _____
06 ring _____
07 afternoon _____
08 bowl _____
09 brush _____
10 home _____
11 arrive _____
12 question _____
13 write _____
14 map _____
15 on _____

16 토끼   r _____
17 염소   g _____
18 고모, 이모   a _____
19 미소 짓다; 미소   s _____
20 샌드위치   s _____
21 수영하다   s _____
22 목소리   v _____
23 제발, 부디   p _____
24 이, 치아   t _____
25 묻다, 물어보다   a _____
26 일기   d _____
27 쿠키   c _____
28 우유   m _____
29 길; 방법   w _____
30 ~아래에   u _____

누적 테스트 24일차

01 pan		16 정원	g
02 talk		17 은행	b
03 little		18 햄버거	h
04 gift		19 수프	s
05 dry		20 유령, 귀신	g
06 tooth		21 무서운	s
07 plate		22 나뭇잎	l
08 cloud		23 문장	s
09 favorite		24 수업	c
10 actor		25 시작하다[되다]	b
11 history		26 바위, 돌	r
12 teach		27 (호)주머니, 포켓	p
13 hard		28 왼쪽; 왼쪽의	l
14 small		29 돌다, 돌리다	t
15 difficult		30 쉬운	e

누적 테스트 25일차

01	idea	16 장화, 부츠	b
02	uncle	17 두드리다	k
03	art	18 비밀	s
04	log	19 운동하다; 운동	e
05	job	20 폭풍	s
06	wear	21 일하다; 일	w
07	sport	22 연습하다; 연습	p
08	soup	23 쿠키	c
09	ask	24 로봇	r
10	teddy bear	25 블록	b
11	toy car	26 연	k
12	jump rope	27 카드	c
13	doll	28 퍼즐	p
14	balloon	29 스케이트	s
15	clay	30 큐브	c

누적 테스트 26일차

01	fast	16 옷	c
02	brush	17 부엌, 주방	k
03	rock	18 자라다	g
04	left	19 도착하다	a
05	bacon	20 지도	m
06	salad	21 가장 좋아하는	f
07	cereal	22 배우	a
08	sentence	23 역사	h
09	catch	24 물고기	f
10	soft	25 매트[깔개]	m
11	spring	26 선	l
12	warm	27 좋은	n
13	draw	28 하루, 날; 낮	d
14	listen	29 라디오	r
15	will	30 내일	t

누적 테스트 27일차

#	English	Korean	#	Korean	English
01	pool		16	경주	r
02	city		17	질문, 문제	q
03	busy		18	(글자·숫자를) 쓰다	w
04	toast		19	가르치다	t
05	same		20	단단한; 어려운	h
06	take		21	어려운	d
07	plant		22	풍선	b
08	practice		23	인형	d
09	pet		24	사랑하다; 사랑	l
10	towel		25	오늘	t
11	wet		26	어제	y
12	cartoon		27	우스운, 웃기는	f
13	third		28	오다	c
14	cross		29	거리, 길	s
15	outside		30	안에(서)	i

누적 테스트 28일차　　월　　일　|　score　/ 30

01 diary _____
02 under _____
03 class _____
04 begin _____
05 pocket _____
06 kite _____
07 skate _____
08 mat _____
09 gate _____
10 jar _____
11 kitten _____
12 box _____
13 mirror _____
14 stay _____
15 there _____

16 부드러운　　s _____
17 수건　　t _____
18 잡다　　c _____
19 어제　　y _____
20 밖에(서)　　o _____
21 따뜻한　　w _____
22 그리다　　d _____
23 건너다　　c _____
24 열다; 열린　　o _____
25 머그잔　　m _____
26 귀여운　　c _____
27 리본　　r _____
28 보다　　l _____
29 호텔　　h _____
30 여기에　　h _____

누적 테스트 29일차

01 way
02 turn
03 jump rope
04 line
05 funny
06 nice
07 mug
08 ribbon
09 station
10 bat
11 hit
12 thing
13 sell
14 mop
15 for

16 점토 — c
17 봄 — s
18 듣다 — l
19 ~할 것이다 — w
20 내일 — t
21 젖은 — w
22 대문 — g
23 거리, 길 — s
24 멈추다; 멈춤, 중단 — s
25 슬픈 — s
26 울다 — c
27 책상 — d
28 놓다 — p
29 청소하다; 깨끗한 — c
30 ~주위에 — a

누적 테스트 30일차 | 월 일 | score / 30

01 block _____
02 stay _____
03 put _____
04 clean _____
05 look _____
06 inside _____
07 here _____
08 around _____
09 head _____
10 neck _____
11 shoulder _____
12 leg _____
13 toe _____
14 lip _____
15 nose _____

16 거기에 t_____
17 입 m_____
18 손 h_____
19 새끼 고양이 k_____
20 팔 a_____
21 거울 m_____
22 역, 정거장 s_____
23 발 f_____
24 것; 물건 t_____
25 눈 e_____
26 팔다 s_____
27 대걸레 m_____
28 손가락 f_____
29 귀 e_____
30 세 번째의; 세 번째로 t_____

Answer Key

DAY 02
01 눈사람 02 점심 식사 03 만들다 04 왕관 05 생일 06 학생 07 (수를) 세다 08 쇼핑몰 09 감자 10 당근 11 자르다 12 더운, 뜨거운 13 선풍기; (영화·스포츠 등의) 팬 14 ~에서, ~으로부터 15 ~로[에], ~쪽으로 16 snow 17 queen 18 birthday 19 cake 20 school 21 number 22 mall 23 market 24 farm 25 strawberry 26 jam 27 rainy 28 umbrella 29 grape 30 purple

DAY 03
01 눈이 오다; 눈 02 케이크 03 수, 숫자 04 시장 05 감자 06 농장 07 잼 08 보라색의; 보라색 09 비가 오다; 비 10 소[쇠]고기 11 잃어버리다; 지다 12 (잠을) 자다; 잠 13 과일 14 ~할 수 있다; 깡통 15 ~해야 하다 16 lunch 17 crown 18 student 19 count 20 carrot 21 cut 22 hot 23 fan 24 beach 25 trip 26 rainbow 27 meat 28 key 29 night 30 vegetable

DAY 04
01 생일 02 학교 03 (수를) 세다 04 포도 05 고기, 육류 06 열쇠 07 밤 08 채소 09 파이 10 전화하다; 부르다 11 그림; 사진 12 들어가다 13 벽; 담 14 ~에 대하여 15 ~와 함께 16 make 17 number 18 rainy 19 lose 20 sleep 21 fruit 22 can 23 must 24 bake 25 telephone 26 hang 27 room 28 exam 29 study 30 stone

DAY 05
01 더운, 뜨거운 02 여행 03 (음식을) 굽다 04 걸다 05 방, -실 06 시험 07 공부하다 08 돌, 돌멩이 09 가족 10 할머니 11 아버지 12 부모 13 형, 오빠, 남동생 14 우리, 저희 15 그들 16 make 17 strawberry 18 beach 19 beef 20 picture 21 enter 22 wall 23 with 24 grandfather 25 grandparents 26 mother 27 sister 28 he 29 she 30 you

DAY 06
01 왕관 02 당근 03 무지개 04 그림; 사진 05 공부하다 06 할아버지 07 그녀 08 너(희), 당신(들) 09 보내다 10 가을; 떨어지다 11 어두운 12 가져오다 13 비누 14 뒤쪽; 뒤쪽의 15 거주하다; 살다 16 cut 17 umbrella 18 rain 19 pie 20 stone 21 father 22 parents 23 brother 24 letter 25 cool 26 cave 27 breakfast 28 wash 29 front 30 die

DAY 07

01 고기, 육류 02 시험 03 ~에 대하여 04 시원한, 서늘한 05 아침 식사 06 씻다 07 앞쪽; 앞쪽의 08 죽다 09 가게, 상점; 쇼핑하다 10 (돈·시간 등을) 쓰다 11 오르다 12 낮은; 낮게 13 금; 금색의 14 날다; 파리 15 필요하다 16 call 17 family 18 sister 19 fall 20 bring 21 soap 22 back 23 live 24 tree 25 grass 26 ladder 27 mountain 28 medal 29 wing 30 want

DAY 08

01 전화; 전화기 02 ~와 함께 03 어두운 04 나무 05 산 06 메달, 훈장 07 날개 08 원하다 09 영웅 10 서다 11 회색의; 회색 12 머리(카락); 털 13 (휴대용이 아닌) 시계 14 늦은; 늦게 15 위로 16 bake 17 room 18 bring 19 shop 20 climb 21 gold 22 fly 23 need 24 save 25 sit 26 time 27 hurry 28 forest 29 picnic 30 down

DAY 09

01 보내다 02 씻다 03 거주하다; 살다 04 풀 05 구하다 06 서다 07 소풍 08 아래로 09 댐 10 보다; 손목시계 11 (달걀·조개 등의) 껍데기 12 컴퓨터 13 마시다; 음료 14 ~안으로 15 ~가까이에; 가까운 16 enter 17 sister 18 letter 19 climb 20 hero 21 hair 22 late 23 up 24 river 25 television 26 sea 27 use 28 tub 29 bath 30 water

DAY 10

01 시간 02 숲 03 강 04 바다 05 쓰다, 사용하다 06 욕조 07 목욕 08 물 09 분홍색(의) 10 주황색(의) 11 초록색(의) 12 검정색(의) 13 원, 원형 14 삼각형 15 하트 16 school 17 ladder 18 low 19 sit 20 dam 21 watch 22 computer 23 drink 24 red 25 yellow 26 blue 27 brown 28 white 29 square 30 diamond

DAY 11

01 선풍기; (영화·스포츠 등의) 팬 02 채소 03 전화하다; 부르다 04 사다리 05 빨간색(의) 06 삼각형 07 정사각형 08 다이아몬드 09 포크 10 돼지고기 11 놀다; (스포츠 등을) 하다 12 단, 달콤한 13 끝나다 14 ~전에; ~하기 전에 15 ~후에; ~한 후에 16 mall 17 farm 18 trip 19 telephone 20 wall 21 medal 22 green 23 heart 24 friend 25 candy 26 new 27 house 28 start 29 party 30 fun

DAY 12
01 산 02 (휴대용이 아닌) 시계 03 쓰다, 사용하다 04 친구 05 새로운 06 시작하다[되다] 07 파티 08 재미, 즐거움; 재미있는 09 빵집, 제과점 10 겨울 11 주; 일주일 12 (음료로 마시는) 차; 홍차 13 유리; 유리잔[컵] 14 (가득) 채우다 15 샤워 16 hero 17 save 18 watch 19 television 20 fork 21 pork 22 sweet 23 end 24 bread 25 snowy 26 weekend 27 cup 28 bathroom 29 now 30 next

DAY 13
01 서두르다 02 댐 03 마시다; 음료 04 빵 05 눈이 오는 06 주말 07 컵, (찻)잔 08 화장실, 욕실 09 바퀴 10 ~시 11 저녁 식사 12 춤을 추다; 춤[댄스] 13 하늘 14 ~한 냄새가 나다; 냄새 15 더 많은; 더 (많이) 16 hero 17 sea 18 bakery 19 winter 20 week 21 glass 22 fill 23 shower 24 roll 25 music 26 rope 27 pull 28 land 29 rose 30 best

DAY 14
01 걷다 02 보내다 03 동굴 04 날개 05 음악 06 당기다, 끌다 07 땅, 육지 08 장미 09 강아지 10 가지고 있다 11 알다 12 짧은; 키가 작은 13 식당, 레스토랑 14 먹다 15 소리; (~하게) 들리다 16 study 17 breakfast 18 wash 19 climb 20 wheel 21 dinner 22 rope 23 sky 24 answer 25 tail 26 noisy 27 desert 28 sand 29 handsome 30 beautiful

DAY 15
01 ~시 02 ~한 냄새가 나다; 냄새 03 최고의, 가장 좋은 04 답; 답하다 05 꼬리 06 시끄러운 07 모래 08 잘생긴 09 개 10 개구리 11 새 12 소 13 낙타 14 염소 15 쥐 16 dance 17 puppy 18 know 19 short 20 restaurant 21 eat 22 desert 23 beautiful 24 cat 25 lamb 26 horse 27 pig 28 rabbit 29 iguana 30 donkey

DAY 16
01 보내다 02 가져오다 03 풀 04 사다리 05 (달걀·조개 등의) 껍데기 06 ~안으로 07 하트 08 끝나다 09 정원 10 아침 11 해, 태양 12 생각하다 13 고모, 이모 14 (손잡이가 달린 얕은) 냄비[팬] 15 (기름에) 튀기다 16 beach 17 telephone 18 mountain 19 medal 20 wing 21 stand 22 clock 23 triangle 24 flower 25 idea 26 uncle 27 apple 28 banana 29 hello 30 bye

DAY 17
01 비누 02 앞쪽; 앞쪽의 03 (돈·시간 등을) 쓰다 04 욕조 05 단, 달콤한 06 (가득) 채우다 07 말 08 당나귀 09 (크기·양이) 작은, 적은 10 미소 짓다; 미소 11 수영하다 12 유령, 귀신 13 좋아하다; ~와 같은, ~처럼 14 나뭇잎 15 안 좋은, 나쁜 16 hero 17 save 18 hurry 19 picnic 20 river 21 use 22 bath 23 diamond 24 baby 25 happy 26 pool 27 art 28 scary 29 log 30 good

DAY 18
01 비가 오는 02 보라색의; 보라색 03 여행 04 조부모 05 편지; 글자 06 동굴 07 시끄러운 08 이구아나 09 직업, 일 10 장화, 부츠 11 목걸이 12 두드리다 13 말하다, 이야기하다 14 이것; 이, 여기 있는 15 저것; 저, 저기 있는 16 forest 17 watch 18 computer 19 drink 20 brown 21 circle 22 square 23 shower 24 gift 25 give 26 work 27 buy 28 ring 29 door 30 voice

DAY 19
01 고기, 육류 02 잃어버리다; 지다 03 ~해야 하다 04 아름다운 05 사막 06 어린[새끼] 양 07 과일 08 행복한 09 침대 10 (납작하고 둥근) 접시 11 (우묵한) 그릇, 사발 12 비밀 13 말하다 14 운동하다; 운동 15 제발, 부디 16 next 17 music 18 rose 19 aunt 20 restaurant 21 garden 22 morning 23 swim 24 bedroom 25 city 26 big 27 afternoon 28 noon 29 sport 30 thank

DAY 20
01 돼지고기 02 ~전에; ~하기 전에 03 행복한 04 유령, 귀신 05 수영장 06 문 07 꼬리 08 아기 09 스테이크 10 수프 11 핫도그 12 샌드위치 13 파스타 14 국수 15 밥, 쌀 16 snowy 17 weekend 18 banana 19 idea 20 smile 21 knock 22 handsome 23 camel 24 salad 25 hamburger 26 pizza 27 bacon 28 toast 29 cereal 30 chicken

DAY 21
01 (기름에) 튀기다 02 말하다 03 굴러가다; 굴리다 04 밧줄, 로프 05 더 많은; 더 (많이) 06 사다 07 목소리 08 침실 09 폭풍 10 (옷·모자 등을) 입다[쓰다] 11 (앞에 챙이 달린) 모자 12 옷 13 가지고 가다 14 ~(안)에; 안[속]에 15 밖에, 밖으로 16 dinner 17 noisy 18 beautiful 19 frog 20 job 21 hotdog 22 pasta 23 noodle 24 cloud 25 mask 26 same 27 kitchen 28 table 29 dry 30 bag

DAY 22
01 바퀴 02 당기다, 끌다 03 ~한 냄새가 나다; 냄새 04 강아지 05 알다 06 이것; 이, 여기 있는 07 낙타 08 고마워하다 09 경주 10 빠른; 빨리, 빠르게 11 은행 12 식물; (나무 등을) 심다 13 자라다 14 연습하다; 연습 15 문장 16 desert 17 iguana 18 morning 19 think 20 flower 21 rice 22 steak 23 necklace 24 go 25 ice 26 cold 27 hungry 28 cook 29 busy 30 word

DAY 23
01 땅, 육지 02 답; 답하다 03 모래 04 저것; 저, 저기 있는 05 주다 06 반지; 울리다 07 오후 08 (우묵한) 그릇, 사발 09 솔[빗]질하다, 닦다; 솔, 붓, 빗 10 집 11 도착하다 12 질문, 문제 13 (글자·숫자를) 쓰다 14 지도 15 ~위에 16 rabbit 17 goat 18 aunt 19 smile 20 sandwich 21 swim 22 voice 23 please 24 tooth 25 ask 26 diary 27 cookie 28 milk 29 way 30 under

DAY 24
01 (손잡이가 달린 얕은) 냄비[팬] 02 말하다, 이야기하다 03 (크기·양이) 작은, 적은 04 선물 05 마른; 말리다 06 이, 치아 07 (납작하고 둥근) 접시 08 구름 09 가장 좋아하는 10 배우 11 역사 12 가르치다 13 단단한; 어려운 14 작은 15 어려운 16 garden 17 bank 18 hamburger 19 soup 20 ghost 21 scary 22 leaf 23 sentence 24 class 25 begin 26 rock 27 pocket 28 left 29 turn 30 easy

DAY 25
01 생각, 아이디어 02 삼촌 03 미술; 예술 04 통나무 05 직업, 일 06 (옷·모자 등을) 입다[쓰다] 07 스포츠, 운동 08 수프 09 묻다, 물어보다 10 곰 인형 11 장난감 자동차 12 줄넘기 13 인형 14 풍선 15 점토 16 boot 17 knock 18 secret 19 exercise 20 storm 21 work 22 practice 23 cookie 24 robot 25 block 26 kite 27 card 28 puzzle 29 skate 30 cube

DAY 26
01 빠른; 빨리, 빠르게 02 솔[빗]질하다, 닦다; 솔, 붓, 빗 03 바위, 돌 04 왼쪽; 왼쪽의 05 베이컨 06 샐러드 07 시리얼 08 문장 09 잡다 10 부드러운 11 봄 12 따뜻한 13 그리다 14 듣다 15 ~할 것이다 16 clothes 17 kitchen 18 grow 19 arrive 20 map 21 favorite 22 actor 23 history 24 fish 25 mat 26 line 27 nice 28 day 29 radio 30 tomorrow

DAY 27
01 수영장 02 도시 03 바쁜 04 토스트 05 같은 06 가지고 가다 07 식물; (나무 등을) 심다 08 연습하다; 연습 09 애완동물 10 수건 11 젖은 12 만화 13 세 번째의; 세 번째로 14 건너다 15 밖에(서) 16 race 17 question 18 write 19 teach 20 hard 21 difficult 22 balloon 23 doll 24 love 25 today 26 yesterday 27 funny 28 come 29 street 30 inside

DAY 28
01 일기 02 ~아래에 03 수업 04 시작하다[되다] 05 (호)주머니, 포켓 06 연 07 스케이트 08 매트[깔개] 09 대문 10 (잼 등을 담는) 병, 단지 11 새끼 고양이 12 상자, 박스 13 거울 14 묵다[숙박하다]; 머무르다 15 거기에 16 soft 17 towel 18 catch 19 yesterday 20 outside 21 warm 22 draw 23 cross 24 open 25 mug 26 cute 27 ribbon 28 look 29 hotel 30 here

DAY 29
01 길; 방법 02 돌다, 돌리다 03 줄넘기 04 선 05 우스운, 웃기는 06 좋은 07 머그잔 08 리본 09 역, 정거장 10 배트, 방망이; 박쥐 11 치다[때리다] 12 것; 물건 13 팔다 14 대걸레 15 ~을 위해 16 clay 17 spring 18 listen 19 will 20 tomorrow 21 wet 22 gate 23 street 24 stop 25 sad 26 cry 27 desk 28 put 29 clean 30 around

DAY 30
01 블록 02 묵다[숙박하다]; 머무르다 03 놓다 04 청소하다; 깨끗한 05 보다 06 안에(서) 07 여기에 08 ~주위에 09 머리 10 목 11 어깨 12 다리 13 발가락 14 입술 15 코 16 there 17 mouth 18 hand 19 kitten 20 arm 21 mirror 22 station 23 foot 24 thing 25 eye 26 sell 27 mop 28 finger 29 ear 30 third

Vocabulary LIVE는

초·중등 영어 학습자들을 위한 7단계 어휘 교재로, 총 4,500여 개의 기본 어휘가 수록되어 있습니다.

Basic

초1~초4
30일 420개 표제어 /
총 840개 표제어

Intermediate

초4~예비중
30일 592개 표제어 /
총 1,184개 표제어

Advanced
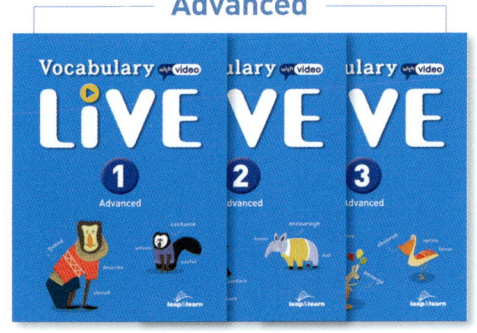

중1~중2 / 중2~중3 / 중3~예비고
30일 708개 표제어 (1~2권) /
40일 908개 표제어 (3권) / 총 2,324개 표제어

Vocabulary LIVE의 특장점

1

어휘 암기의 효과를 높이는
학습 동영상 제공

2

무료 온라인 어휘 암기용
프로그램 제공

3 선생님들을 위한 편리한 온라인 어휘 테스트 메이커 제공(홈페이지)
4 이미지 연상법을 통한 쉽고 빠른 단어 암기
5 일일 테스트와 누적 테스트를 통한 체계적인 반복 학습

Downloadable Resources   www.leapnlearn.co.kr

Vocabulary LIVE 1 Basic

WORKBOOK